Diccionario SEO para principiantes

Que es el SEO: Posicionamiento en buscadores

¿Quieres saber qué es el SEO? Aquí vas a descubrir el significado SEO y por qué es necesario para aparecer en los primeros resultados de las búsquedas de Google y otros motores de búsqueda. Hay muchos factores que influyen en el posicionamiento web de tu página y en Blog SEO, tratamos con cada post, que aprendas y entiendas como debes hacerlo.

¿Qué es el SEO y por qué lo necesito?

Wikipedia: El posicionamiento web en buscadores u optimización de motores de búsqueda es el proceso de mejorar la visibilidad de un sitio web en los resultados orgánicos de los diferentes buscadores. También es frecuente nombrarlo por su título inglés, SEO (Search Engine Optimization).

Definición SEO: El SEO o posicionamiento Web es una de las técnicas que se usa para de que un modo orgánico y natural, Google y otros buscadores de internet, incluyan tu web entre las más valiosas y relevantes ante diferentes búsquedas realizadas por los usuarios.

En general, y dependiendo de la competencia para dichas búsquedas con ciertas palabras clave (keywords), suele ser un proceso cada vez más complejo debido a que cada día Google mejora su algoritmo y hace de cada búsqueda un proceso más natural y real para dar los resultados que más se ajustan a la realidad.

Una de las **diferencias entre SEO y SEM** es que, en posicionamiento web, todo este proceso se hace sin necesidad de usar herramientas de pago como Google Adwords para estar en los primeros resultados.

Qué factores optimizar para posicionar tu web

En posicionamiento web, hay dos **categorizaciones básicas** para empezar a para poder posicionar tu web en las primeras posiciones de **los motores de búsqueda como** Google y son:

SEO On Page

El SEO on page es el que se basa en usar técnicas de posicionamiento dentro de tu sitio web para que los motores de búsqueda entiendan que tu web es relevante y la incluyan en las primeras posiciones. Algunas de las técnicas más usadas y que mejor funcionan son la optimización de la velocidad web, contenidos, estructura web, URL internas y elección del dominio.

SEO Off Page

Al contrario, el SEO off page es todo aquel que se hace fuera de tu sitio web y ayuda a posicionar el sitio deseado. Algunos de los factores que más influyen en mejorar el SEO son los enlaces (calidad y cantidad), menciones y presencia en redes sociales, menciones en medios de comunicación o autoridad de la marca.

Tipos de posicionamiento en buscadores

Al contrario, el SEO off page es todo aquel que se hace fuera de tu sitio web y ayuda a posicionar el sitio deseado. Algunos de los factores que más influyen en mejorar el SEO son los enlaces (calidad y cantidad), menciones y presencia en redes sociales, menciones en medios de comunicación o autoridad de la marca.

White Hat SEO

Con el White Hat SEO lo que se pretende es seguir los consejos de Google y optimizar la web para poder "enamorar" a Google y que, de una manera legal a ojos del gran buscador, tu web tenga más valor que el resto. Pocas webs cumplen estos requisitos exigidos por Google.

Black Hat SEO

Con el Black Hat se intenta **mejorar el posicionamiento en buscadores de una página web** mediante técnicas que no son del agrado de Google y que por norma general tienen fecha de caducidad. Google persigue estas técnicas de dos maneras, penalizaciones para casos concretos y desautorización de factores de posicionamiento.

Además, todas las acciones que dejan de tener valor con el tiempo por ser de dudoso valor tienen posibilidades de penalizar a las webs que las usan.

¿Cómo aprender posicionamiento Web?

Es importante leer mucho sobre SEO y sobre todo experimentar con cada técnica que no tengas controlada. También es importante buscar buenas fuentes de conocimientos como este diccionario SEO para poder iniciarte en el mundo del SEO y para mantenerte y **aprender SEO diariamente**.

Existen multitud de blogs y cursos de los que hablamos aquí donde poder empezar desde cero en SEO y terminar siendo un experto del White, Black y Grey Hat SEO. En SEO todos hemos empezado desde cero, no tengas miedo a equivocarte y a probar y siempre podrás hablar con un consultor SEO para que te ayude en los aspectos más técnicos y que no tengas bajo control.

Una vez que aprendas el SEO de una web, podrás poner tus conocimientos en práctica con cualquier proyecto.

¿Más factores que ayudan a posicionar tu web?

En SEO, son muchos los factores que podemos usar para optimizar una web y, de hecho, debemos optimizar todos ellos para poder estar en los primeros resultados de las búsquedas. Los 5 principales puntos que tienes que tener en cuenta para optimizar una web son:

1. Contenido
2. URL
3. Títulos y subtítulos H1, H2 y H3
4. Enlaces
5. Velocidad web optimizada

Contenido

El contenido es el rey del posicionamiento y gracias a él podrás ganar posiciones de manera inmediata. Una buena redacción de texto te hará estar en el top de cualquier búsqueda siempre que tengas una buena web detrás. Los reyes no se mantienen solos y necesitan de un buen ejército para ganar las guerras.

URL

Dale a Google lo que quiere, claro que sí. Una buena URL optimizada no debe contener guiones bajos, ni tildes. Solo debe contener palabras y guiones medios para dividirlas. **El nombre de la URL debe ser el mismo que el H1, ¡No lo olvides!**

Títulos y subtítulos H1, H2 y H3

Los H1, H2 y H3 son grandes indicadores para Google y hacer una buena elección te dará puntos para poder triunfar con el SEO On Page. Observa las palabras clave de la competencia y mételas en tu web, **observa los H1, H2 y H3 de la competencia** y métElos con variantes, si a ellos les funciona, intenta mejorarlos.

Enlaces

Por supuesto que si, los enlaces son la sangre del SEO y debes usarlos para mejorar tu estrategia SEO. A día de hoy, ha cambiado mucho el significado de los enlaces para Google y ya no vale tanto la cantidad porque ha dejado paso a la calidad. **Busca/consigue/obtén enlaces de calidad y sube en las SERP de Google.**

Velocidad web optimizada

El SEO Mobile ha dado protagonismo a la **optimización de Google en las velocidades webs** y se ha convertido en un factor que puede determinar muchos puestos de diferencia. Y más desde que, el mobile first indexing haya llegado a nuestras vidas y a la vida de nuestras páginas web. Optimiza tu web gracias a **PageSpeed Insights de Google** y sé mejor que tus competidores.

¿Qué más puedes leer sobre SEO?

Como sabemos que te gusta el mundo de Internet y no solo de SEO está plagado el mundo, en SEO Blog creemos que pueden ser de tu interés estos post de Social Media:

SEO y SEM para completar tus conocimientos

Ten cerca a tus amigos, pero aún más cerca a tus enemigos. Creo que el SEM nació para ser el archienemigo del SEO, pero a estas alturas, son compatibles.

Las campañas de SEO suelen durar un mínimo de 6 meses y es entendible que haya proyectos que no puedan esperar ese tiempo, por ser temporal, de campañas estacionales, o simplemente porque quieras aparecer ya en las primeras búsquedas de Google.

Si crees que el SEM es tu mejor opción, ¡a por ello! Pero no dejes de lado las mejoras orgánicas de tu proyecto. El SEO puede vivir sin en SEM, pero el SEM no puede hacerlo sin el SEO.

Usar campañas AdWords nos puede dar una visibilidad y un branding muy bueno. Debemos sumar que el esfuerzo solo es económico y si tu empresa tiene los recursos, no habrá quien pueda pararte en esas posiciones.

Si sumas el SEO, puedes conseguir cientos de keywords para tus búsquedas y hacer un 2×1 en Google.

SEM te costará menos esfuerzo mental y más esfuerzo económico y el SEO hará todo lo contrario. Si puedes, súmalos.

Precios de posicionamiento en Google

Quizás este sea el tema más delicado. Por experiencia puedo decir que, si estás en el lado del cliente, todo te podrá parecer excesivamente caro y, si, por el contrario, estás en lado de la empresa que da servicios o eres FreeLancer, pensarás que estarás regalando tu trabajo.

Por ello, mis consejos para los clientes son:

1. Contrata a profesionales del posicionamiento web y pide referencias reales de proyectos anteriores.
2. Pregunta todo, no te quedes con dudas.
3. Haz que el profesional SEO conozca tu sector al 100% dándole referencias de todo tipo.
4. Respeta los tiempos establecidos para el proyecto.
5. Recuerda, NO sabes más que él, ¿por eso le has contratado?

Si eres el profesional, estos consejos te podrán venir bien:

1. Nunca engañes, ve de frente con el cliente.
2. Más vale perder un cliente que tu dignidad.
3. Mantén informado al cliente, haz reportes de todos los avances.
4. Resuelve sus dudas y da posibles alternativas.

5. Recuerda, tú mandas en las campañas SEO, pero el cliente tiene información muy valiosa del sector y la competencia.

Y bien, ¿Qué quiere Google?

La gran G quiere velocidad de carga optimización de la misma. Es importante diferenciar la velocidad con la optimización en webs:

1. Velocidad: Rapidez de carga al precio que sea (mala calidad de imágenes, poco texto, etc...)
2. Optimización: Velocidad maximizada para el volumen de datos que tenga la web.

En el primer caso, tendremos imágenes con poca calidad, por ejemplo, mientras que en el segundo tendremos unas imágenes optimizadas con TinyJPG y CSS minificadas para su mejor carga.

Google también quiere que tengas enlaces, enlaces de calidad. Estos son difíciles de conseguir, ya que para que alguien te haga linkbuilding tiene que encontrar calidad de contenido, ser relevantes en nuestro sector.

Por supuesto, **Google quiere contenido de calidad tanto en extensión como en contenido de palabras relevantes y clave para dicho texto**. Hacer unas búsquedas por Google antes de ponerse a escribir te dará pistas sobre lo que tienes que escribir. Además, le debes ayudar con buenos subtítulos y estructura de artículo.

¿Qué más? Dale un buen dominio para las palabras clave. Si no eres una gran empresa con relevancia en tu sector, intenta huir de poner en tu dominio el nombre de tu empresa o ponla, al final, lo más cerca de la extensión .com. Mete entre una y dos palabras clave en tu dominio siempre que puedas.

Optimiza las URL de los posts y páginas internas, metiendo siempre la palabra a posicionar lo más a la izquierda posible.

Créate tu cuenta de **webmaster tools** y verifícala para que Google sepa que es tuya y que la presta atención.

Experto SEO: ¿Qué es y Qué Tareas Realiza?

El mundo del internet y los navegadores es como un océano sin final. Cada día un sinnúmero de post aparecen en la red, en el que se da inicio a una guerra cuerpo a cuerpo para ganar la mayor cantidad de visitas. ¿Cómo se puede lograr una buena posición en los resultados de SERP? Y lo que es más, ¿es posible ser el número 1 en el buscador más famosos de la red: Google, Yahoo!, Bing.

Estas preguntas son de vital importancia si has hecho de tu página web tu negocio personal. Para aprender a posicionarte, **necesitas seguir las recomendaciones de un experto SEO.** A continuación, te explicaré que función cumple este especialista y por qué debes seguir sus consejos si deseas tener éxito en este lago de fieras.

Posicionamiento web

Antes de hablar de las funciones de un experto SEO es vital entender lo que significa el posicionamiento en la web y su importancia. Cuando un usuario necesita conseguir algún producto o servicio, plantea mediante una pregunta o frase su solicitud, enseguida en breves instantes el buscador revisa entre millones de blogs posibles resultados.

En la página de resultados mejor conocida como SERP están las mejores páginas, en otras palabras, **los post que han logrado alcanzar un buen posicionamiento en la web**, es decir, que responden la solicitud que el usuario está planteando. ¿Fácil verdad?

Si tienes una página web debes procurar aplicar una serie de acciones a fin de lograr aparecer en los primeros puestos de resultados. Para ello debes **esforzarte por ofrecer información sustanciosa** que te permita ser visible en este lago infinito de la internet. Para lograr visibilidad, algunas empresas deciden solicitar los servicios de un especialista en SEO.

Antes de hablar del consultor SEO es necesario entender que hay dos formas de lograr el posicionamiento en la web, mediante **pago por clic o posicionamiento orgánico**. El primero consiste en implementar una serie de anuncios, los cuales aparecerán en diferentes posiciones de la página de Google de acuerdo a sus criterios y pago por clic.

Por otro lado, el **posicionamiento natural** consiste en conseguir la mejor posición, pero de forma natural, para ello debe informarse de **los criterios que Google** establece, lo cuales son muchísimos. En este punto es donde entra en acción el papel básico de un experto en SEO.

¿Qué es un Experto SEO?

Un experto SEO es un profesional especializado en la **implementación de estrategias para lograr una buena posición orgánica** en los buscadores. El consultor SEO debe estar atento a los cambios de algoritmos de los motores de búsqueda (Google, Yahoo! Bing) Es importante destacar, que este profesional puede ejercer Freelancer (a distancia) u ofrecer ayuda mediante una agencia especializada en SEO.

Se espera que este profesional esté **involucrado con el marketing digital moderno**, y tenga las herramientas necesarias para dar una mejor visibilidad en los SERP de Google o cualesquiera de los motores más usados actualmente.

El especialista en SEO no solo conoce los algoritmos cambiantes de los motores de búsquedas, sino que, además, tiene nociones básicas en el campo de programación, diseño y publicidad. Por consiguiente, está preparado para analizar las páginas webs de sus clientes y detectar las posibles fallas que no les han permitido generar el mayor número de tráfico de visitas.

¿Qué tipo de conocimiento o preparación debe tener un Experto en SEO?

Este profesional conocido como experto SEO, debe disponer de un profundo **entendimiento de los principios del SEO On Page y Off Page,** además de conocer que palabras pueden ser claves a fin de generar el mayor número de visitas. Es una fuente de apoyo en cuanto a la estructuración de los links, así como a la misma estructura de la página web a fin de hacerla más atractiva para el usuario.

Por otro lado, debe dominar perfectamente el **Backlinks,** es decir, la calidad de los enlaces, el cual es una de los aspectos que Google analiza con detenimiento para percibir la importancia de una web. Estos son vitales para mejorar exponencialmente el ranking SEO.

Otro aspecto de gran importancia en el que un Especialista en SEO debe tener amplios conocimientos, es en el **comportamiento de los motores de búsquedas**; el más solicitado es Google. Además de entender los motivos de penalizaciones y evitarlas, pues de nada sirve conseguir "ilegalmente una buena posición en el buscador" y obtener una penalización en poco tiempo.

¿Es útil contratar los servicios de un Especialista SEO?

Aunque contratar los servicios de un profesional en posicionamiento en la web es una decisión personal que dependerá del negocio que estás implementando, lo cierto es que, este profesional es de gran ayuda, además que con la ejecución de sus estrategias es seguro **aumentar los ingresos en el mundo online**.

Por otro lado, tiene la capacidad de determinar el contenido relevante a o más buscado en la web, de tal forma que puede contribuir exponencialmente en nuestro crecimiento en la internet.

¿Es necesario un especialista en SEO en una empresa?

Si tienes una empresa es necesario que esté presente en la red, por lo tanto, no solo es vital abrir una página web para la empresa que estás manejando; para lo cual un experto en SEO también puede ayudarte. Si no que, además, es necesario que aparezca en los SERP de Google para que un **mayor número de clientes pueda hallarte**.

Te explico, una página web será como una publicidad constante a tu empresa, si contratas los servicios de un consultor en SEO este te proporcionará las herramientas para que tu negocio tenga mayor alcance. De modo que puedo decirte que **es totalmente necesario contar con un profesional de la web.**

¿Cuánto cobra un experto SEO?

Esta es una de las preguntas más solicitadas por quienes demandan los servicios de un consultor SEO. No obstante, la respuesta es un poco imprecisa, debido a que **dependerá del servicio que este ofrezca**. Por ejemplo, en algunas ocasiones brindan asesoría por horas, de modo que, si el servicio que estás solicitando es corto, te saldrá más económico que si necesitas toda una remasterización de tu página web.

Aunque el precio de este servicio puede ser algo costoso, realmente representa una inversión, debido a que este profesional contribuirá a que generes más ingresos. Desde luego, el término "costoso" también es relativo, debido a que hay una variedad de expertos que tienen tarifas distintas, algunos más asequibles que otros.

Te recomiendo pedir presupuesto al menos a dos especialistas antes de contratar sus servicios, de esta forma puedes estar seguro si te puedes permitir esta inversión.

Intención de búsqueda

Google es uno de los motores de búsqueda más usados, y su objetivo es proporcionar respuesta clara y útil al usuario. Por lo tanto, ha invertido una gran cantidad de dinero en la comprensión de la intención de búsqueda del usuario. En otras palabras, trata de percibir **¿Qué está buscando el internauta? ¿Información o compra de un producto?** Basándonos en eso, arroja un número de respuestas a las consultas planteadas.

El verdadero experto SEO no solo proporciona una lista de palabras claves, sino que trata de pensar en el tipo de contenido que Google desea que se brinde. Para ello debe saber enfocar los contenidos del blog de acuerdo a lo que requiera el usuario.

Si no se brinda respuesta verdadera, entonces el internauta se sentirá frustrado y posiblemente busque otro buscador, Google no quiere eso, por eso antes de indexar los resultados por simples palabras claves también trata de percibir **si el post en cuestión es la respuesta a la consulta.** El especialista sabe, que si no se esfuerza por cumplir este criterio, Google lo descubrirá y dejará de dirigir su atención a él. En otras palabras, "la intención de búsqueda es vital, si tus contenidos no se alinean con Google morirás en el mundo online".

Si tu idea de aumentar el número de tráfico de tu web es sencillamente colocar una serie de palabras claves, estás perdiendo tu tiempo. Esa estrategia por sí sola no funciona. Si no tienes idea de que otra estrategia implementar, entonces definitivamente necesitas un consultor SEO o Experto SEO.

Funciones de un especialista / Manager SEO

Podemos afirmar que este experto cumple varias funciones de vital importancia, y cada una de ellas tiene como finalidad llevar al sitio web a la cima, es decir, a una buena posición en la web. En resumen, destacaré tres ocupaciones de este experto:

Creador de contenido de altísima calidad

Tal como ninguno se cortaría el cabello con una persona que jamás se peina, es de esperarse que un consultor en SEO goce de varias páginas en la internet con excelente visibilidad. Este debe **generar contenido sustancioso** que cumpla con las intenciones de los motores de búsqueda, generando fidelidad en los internautas.

Por lo tanto, lo antes dicho, evidencia que este especialista debe saber producir contenido orientado a un público objetivo. Por lo tanto, debe gozar con un equipo capaz de generarlo, cumpliendo cabalmente con las palabras claves y los criterios de los distintos motores de búsquedas (donde se desea publicar)

Ofrecer buena experiencia de navegación

Los portales web de mejor posicionamiento son aquellas; entre otras cosas, que gozan de una buena presentación a la vista. Por lo tanto, se espera que un consultor SEO ofrezca una experiencia gratificante al internauta debido **al ligero diseño de la página**, aunque evidentemente la responsabilidad recae sobre un programador de páginas webs.

El contenido debe estar **ordenado de forma atractiva**, de modo que el usuario pueda conseguir la información rápidamente. También, el sitio web debe contar con **otros temas de interés,** de tal forma el internauta se enganche con el blog e incluso se fidelice. Un buen consultor te brindará ayuda en este aspecto, y a su vez gozará de un sitio web con estas características.

Implementar estrategias de posicionamiento y tráfico

El Manager SEO conoce el comportamiento de los internautas, por consiguiente, debe participar en la **implementación de estrategias de marketing digital**. Por lo tanto, debe analizar algunos datos a fin de determinar si la información brindada está funcionando o no, y basándonos en eso hacer algunos cambios de enfoques.

Por ejemplo, en algunas webs de ventas, el diseño o la forma en cómo se presentan las ofertas no están siendo bien canalizadas. Entonces, en este punto el consultor SEO funge como analista, y trata de percibir de forma hábil alguna estrategia que permita que el usuario o cliente se sienta confortable en el sitio web.

Es de vital importancia prestar oído a las recomendaciones del especialista, debido a que su palabra pesa en el momento de hacer crecer nuestro portal.

Conclusión

Tal como hemos analizado, la figura de un experto en SEO es de suma importancia en el mundo online. Cada día se indexa una gran cantidad de contenidos a la web. Es una verdadera lucha en el que puedes salir victorioso si te apoyas de un profesional en el área.

El especialista SEO es un consultor de amplio conocimiento de los motores de búsquedas, así como el comportamiento y demandas de los usuarios. De tal forma, que, **si deseas lograr ser visible, te recomiendo que busques apoyo de un especialista.**

En cuanto a la tarifa o pago que debes realizar, hay variados precios asequibles, y esto dependerá del tipo de servicio que estés requiriendo. No lo veas como un gasto, si no, como una inversión, debido a que un mayor tráfico de visitas representará un aumento de ingresos para tu negocio.

El mundo online es un vasto océano sin final, ¡sácale provecho a esta ventana que nos conecta al mundo exterior! Pero para que no sufras ningún tipo de frustración, asesórate con los expertos. Ellos tienen las herramientas que necesitas para triunfar en tu negocio, independientemente del enfoque que sea.

¿Llevas años sin lograr una buena posición en Google? ¿No entiendes por qué tus contenidos no gozan de interés? ¿Has recibido penalizaciones de parte de Google y no sabes por qué? Un experto en SEO te ayudará a lidiar con estos problemas, no dudes en solicitar sus servicios, y verás como crecerás inmediatamente en el mundo online.

¿Qué es el A/B Testing o test AB?

En el mercado competitivo que impera en el mundo online, se hace vital aplicar una A/B Testing **aumentar exponencialmente las ventas**. ¿Qué técnicas puedes aplicar para tu negocio? **El A/B Testing es una de ellas**.

El multivariable testing consiste en desarrollar varias versiones de una misma página web y luego medir cuál funciona mejor. Es decir, podemos desarrollar varias versiones de nuestra landing page y luego medir cuál funciona mejor. El resultado del multivariable testing nos dirá cuál es la combinación más efectiva y cuál no funciona tanto.

¿Qué es el A/B Testing y que puedes analizar mediante él?

Es la medición de dos elementos o páginas web, las cuales se comparan con el objetivo de determinar, cuál de ellas ofrece un mejor rendimiento. Tal como su mismo nombre lo indica, es un test en el que se analizan diversos factores, que pueden estar ocasionando problemas con el portal.

Mantener un buen número de usuarios, es de vital importancia. A veces no consigues esa meta debido a problemas con la interfaz de tu página, por lo tanto, es preciso hacer un análisis, con el fin de mejorar el diseño de la web.

El A/B Testing pudiera hacerte ver que no solo debes mejorar pequeños detalles, sino hacer una reestructuración total de la misma.

Es preciso tener bajo control el tiempo, los aspectos y la forma en **cómo se llevará a cabo el A/B Testing.** De esta forma se logra el objetivo de forma más eficiente. Puedes aplicar varios test con el objetivo de continuar mejorando.

¿Qué puedes someter a testing?

Hay varios aspectos que **puedes mejorar en tu página** y que de pronto estén siendo un obstáculo en la optimización de tu web. Algunos de los cuales son:

- **El coste de los productos y ofertas**. El diseño que ofreces en este campo, quizás **no esté captando la atención** de los usuarios, es recomendable someterlo a un A/B Testing.

- **La especificación del producto.** Harías bien en probar si puedes describir lo que ofreces de forma distinta.
- **La estructura de la página web.** Quizás el diseño del portal no es llamativo, o **tiene demasiada información**, por lo que los usuarios no se sienten cómodos en la navegación.
- **Las imágenes.** El lugar que has dispuesto para la visualización de las distintas imágenes, puede repercutir en la experiencia del cliente. Puedes **probar si el cambio de ellas**, influye en la respuesta de los usuarios.

Estas son algunas variantes que puedes tomar en cuenta. No obstante, de acuerdo a tu juicio, puedes ir probando otros aspectos. Lo importante de aplicar el A/B Testing, **es analizar cuál versión resulta más exitosa**, es decir, cuál de las dos genera más suscriptores y ventas. ¡Éxito en tu negocio!

¿Cómo aplicarlo?

En este caso, debemos centrarnos en aquellas variables que afectan a las conversiones. Por ejemplo, si queremos incrementar las conversiones en nuestra landing page, debemos centrarnos en los elementos que afectan a las conversiones: el diseño, el texto, los botones, etc. Como hemos dicho, estas variables son independientes entre sí y cada una afecta a la otra. Por ejemplo

¿Qué métricas debemos tomar en cuenta?

En este caso debemos tomar en cuenta las métricas clave para nuestra estrategia: click-throughs, conversiones totales y conversiones por campaña. Estas métricas nos indican cuál es la combinación más efectiva y cuál no funciona tanto. Además, podemos observar otros indicadores como: tasa de rebote, tasa de abandono o tasa de conversión por campaña. Estas métricas nos indican si nuestra estrategia ha sido exitosa o no. En definitiva, con el multivariable testing podemos determinar qué elementos son los más efectivos para nuestro negocio y qué otros no lo son tanto.

¿Qué es el algoritmo de Google?

Google es uno de los buscadores de Internet más usados, por lo tanto, **el lugar de las distintas webs** en este magnate es de **gran relevancia** para los desarrolladores de los portales. **Google usa algoritmos para clasificar las distintas páginas webs**, ¿Lo sabías?

Todo esto, implicará un mayor o menos tráfico en tu página web y por supuesto representará un **mayor ingreso monetario**. ¿Cómo se determina la posición en Google?, mediante algoritmos, pero, ¿Qué es el algoritmo de Google? ¡Sigue leyendo!

¿Qué es el algoritmo de Google? ¿Cómo se actualiza?

La clave para entender el algoritmo de Google es la palabra "algoritmo". Se trata de una serie de reglas cuyo objetivo es determinar qué resultados aparecen en primer lugar en los resultados de búsqueda.

El algoritmo es un complejísimo cálculo basado en instrucciones totalmente concretas y de sumo orden, que permiten llevar a cabo una actividad específica sin lugar a dudas.

La teoría más extendida es la siguiente: Google analiza la palabra clave y la palabra meta. Si la palabra clave es muy similar a la palabra meta, el resultado será muy similar. Si la palabra meta es muy similar a la palabra clave, el resultado será muy similar. Si la palabra clave es muy distinta de la palabra meta, el resultado será muy distinto.

En Google representa la manera en como este gran buscador se **encarga de darle posición a una página web en concreto**. Es lo que decide el SERPS, es decir, el lugar donde estaremos posicionados, en la primera página como líder, o en la décima página.

Por supuesto, los resultados que aparecen en primer lugar son los más relevantes. No hace falta enumerar los resultados subsecuentes, puesto que los buscadores al final terminan diluyendo las posiciones de aquellas páginas con bajo contenido.

Por lo tanto, descifrar este algoritmo ha sido el tema de investigación de muchísimos expertos de SEO, no obstante, parece imposible ir a la par con tan complejo cálculo matemático, debido a que este **algoritmo cambia** al menos unas **500 veces durante todo el año.**

Algunos de los algoritmos más importantes de Google son Penguin y Panda.

¿Cómo funciona el algoritmo de Google?

Este algoritmo está basado en tres efectos básicos: **Crawleo, Indexación y Limpieza de spam**. Cuando se ingresa en el buscador una consulta, en breves instantes Google hace una revisión instantánea para mostrar una respuesta a la consulta.

En el Crawleo, Google revisa "millones" de páginas webs, en **la indexación** las distribuye de acuerdo a lo que el usuario está solicitando, para ello toma en cuenta los criterios de SEO **(palabras clave y sus variantes).**

Por otro lado, en **la limpieza de spam,** el algoritmo de Google de forma inteligente **elimina los resultados** que no serán relevantes para el internauta. Algunos de los cuales son **simple publicidad,** de esta forma este gran buscador se esfuerza por mejorar la experiencia del usuario dentro de Google.

Ahora ya sabes más sobre Google y sus algoritmos, ¿Sabías de su existencia?

¿Qué es el algoritmo Google Panda?

Son muchos los esfuerzos que aplican los motores de búsqueda para tratar de garantizar al usuario que los resultados de las consultas sean: **útiles, originales, no invasivas y de navegación satisfactoria.**

En el caso de Google, en el año 2011 implementó un algoritmo para este fin, **llamado Google Panda**. ¿Qué es Google Panda? Y ¿cómo saber si me ha penalizado? Otros de los algoritmos de Google más famosos son Google Penguin o Fred, por si quieres saber más información de él.

¿Qué es Google Panda?

Google Panda es un **algoritmo de Google usado como clasificador de resultados** para filtrar las páginas poco productivas y desecharlas. Fue creado por Navneet Panda y puesto en funcionamiento a partir del 2011, con un impacto en los resultados de búsqueda de hasta un 12% al momento de su salida.

El algoritmo que gobierna las directrices de búsqueda **recibe constantes actualizaciones**, para garantizar un mayor desempeño. Se registró la última actualización el 24 de mayo 2014.

La justificación de esta herramienta, por parte el gigante de Google, fue la continua y creciente **proliferación de Website con contenidos** Thin Content, duplicados o Spam, lo cual afectaba seriamente la posición de portales de calidad real.

Se considera un portal de contenido Thin Content, todos aquellos que duplican información, contenido ínfimo y ambiguo, sobre optimizado, etc...

¿Cómo saber si estoy penalizado con el algoritmo Google Panda?

Hay que tener presente que el sistema de algoritmo utilizado por el buscador Google funciona en tiempo real, donde **es casi imposible llegar a saber si estamos penalizados** por él.

Pero si tenemos problemas de posicionamiento y estamos dentro de los casos con contenido de mala calidad, duplicado o spam que Google Panda considera para la penalización, es evidente que nos estará afectando.

Además, con herramientas como Sistrix podemos ver un descenso de visibilidad en las fechas de inclusión del algoritmo o de las actualizaciones del mismo.

¿Cómo salir de la penalización del algoritmo Google Panda?

Es aconsejable **ser muy discretos, pacientes y aplicados** para cumplir con las normativas de Google Panda.

Una vez que hemos sido penalizados por él, salir del veto **supone un análisis minucioso**. Es necesario identificar las páginas que tienen el veto y lograr detectar la razón por la cual ha sido penalizado: Spam, contenido duplicado o de ínfima información.

Una vez identificadas, se deben mejorar o eliminar. No importa las que sean, si hay que borrarlas se ha de hacer sin miedo. Dependiendo de si esas páginas tienen o no una página similar dentro de la web, se debe dar una redirección 301 hacia las similares o un error 410 en las que no tienen contenido similar.

¿Qué es el anchor text?

En este artículo te hablaré sobre **qué es el anchor text de los enlaces** y su **importancia en el SEO**.

¿Qué es un texto ancla?

Utilizar el anchor text es de suma importancia para el SEO debido a que los motores de búsqueda leen **los anchor text** de los enlaces para **identificar el tema del que trata tu página**.

Por este motivo **debes utilizar anchor text que sirvan para posicionarte**. Eso sí, debes variar las palabras, ya que si repites siempre las mismas, Google puede llegar a considerar que estás haciendo SPAM y penalizarte.

A continuación, te mostraré qué es un texto ancla desde y como colocarlo en un enlace HTML.

¿Qué es el anchor text de los enlaces?

Un enlace HTML puede contener distintos parámetros, esto son:

1. Las **etiquetas de apertura y cierre** del enlace <a> y </a>.

2. La **URL de destino** del hipervínculo: href:
"http://miweb.es/url-enlace.html"

3. El **target** que indica cómo se abrirá el enlace, o bien en la misma ventana o en una nueva. Lo más conveniente es que se abra en una nueva, por lo que quedaría de la siguiente manera: target="_blank"

4. **El título**. Es el texto que le aparece al usuario cuando detiene el ratón sobre un determinado enlace. Muestra información sobre que verá el usuario al hacer pinchar el link.

5. Por último, **el texto ancla** que como ya te mencioné anteriormente, es el texto que le aparece al visitante de tu web como enlace.

Por lo tanto, **un enlace HTML** quedaría así:

```
<a href="http://miweb.es/url-enlace.html" target="blank"
title="Haz clic para ir a tu página"> Anchor Text</a>
```

Y hasta aquí el artículo sobre: ¿qué es el anchor text de los enlaces?
Espero que te haya gustado.

¿Qué son los backlinks?

Como probablemente ya sabrás, el SEO se divide en técnicas **SEO On-Page y SEO Off-Page**. Mientras que las primeras hacen referencia al conjunto de factores que puedes trabajar en tu propia página web para mejorar el posicionamiento, el SEO Off Page se centra principalmente en la de **conseguir backlink a tu sitio web.**

¿Qué es un backlink y para qué sirve?

Un backlink es un enlace que apunta a una determinada página o artículo de tu web procedente de otro sitio web. La principal función de los backlinks es **aumentar la relevancia y la autoridad de tu sitio web** y repercuten notablemente en el rankeo de tu web en las páginas de resultados de los diferentes motores de búsqueda. Para ello usamos la calidad, la cantidad y el anchor text.

De hecho, trabajar en la consecución de enlaces es una de los principales trabajos de los expertos en posicionamiento web. A este trabajo se le denomina **linkbuilding**.

A la hora de conseguir enlaces o backlinks hay que tener en cuenta un factor muy importante. **Es mejor tener un solo backlink de calidad que tener 4 malos**.

¿Qué determina la calidad de un enlace?

La calidad de un backlink viene dada por su procedencia. Si el sitio web que ha enlazado tu contenido posee un Page Rank alto la calidad de dicho enlace será mucho mayor que si proviene de una página con poca o nula relevancia.

Tipos de backlinks

Existen dos categorías de backlinks:

1. **Backlinks Dofollow**: son aquellos enlaces que **transfieren PageRank**, es decir, mediante este enlace la página que ha colocado un link a un determinado contenido de tu web te está transfiriendo autoridad. **Este tipo de enlaces son los verdaderamente importantes**.
2. **Backlinks Nofollow**: Al contrario que los anteriores, los enlaces Nofollow **no transmiten autoridad o transmiten muy poca**. Este tipo

de enlaces solo sirven para intentar atraer más tráfico a tu página o para mejorar la experiencia de usuario de los visitantes de tu web. También es una forma de dar naturalidad al perfil de enlaces de tu página web.

Lo que tienen en común ambos tipos de enlaces es que, si diluyen el PR de la página que los contiene.

¿Cómo conseguir enlaces entrantes de calidad?

Existen muchas formas de conseguir enlaces de calidad, yo te recomiendo las siguientes:

1. Comparte tus contenidos en las redes sociales

Las **redes sociales** tienen un potencial enorme a la hora de conseguir backlinks de calidad debido al gran número que las emplea.

Créate una cuenta en las principales redes sociales **(Facebook, Twitter, Instagram, LinkedIn y Google+** son las más usadas) aunque dependiendo el tipo de página o blog que poseas pueden interesarte otras como **Tumbrl o Pinterest**.

Una vez creadas tus cuentas, debes buscar tu público, para ello lo mejor que puedes hacer es **estudiar a tu competencia** y comenzar a seguir a personas que los sigan a ellos. Además, debes **apuntarte a los grupos que existan sobre tu sector de negocio**.

Mientras te vas creando tu público comparte todos tus contenidos en las redes y haz un buen uso de los **hashtags**.

2. Crea contenido original y de calidad

Una de las mejores formas de conseguir que otras páginas te enlacen es creando **artículos 100 % originales y que traten de temas novedosos**. Cuanta más calidad tengan los contenidos que realizas, más fácil será que enlacen tus artículos.

Entre los contenidos más enlazados se encuentran los **tutoriales, los rankings y listas y las infografías**, por lo que es recomendable que incluyas este tipo de contenidos en tu web.

Mi recomendación es que **varíes tus artículos**, por ejemplo, insertando vídeos de tu creación y estudies que contenidos son los más demandados por tu público.

3. Detecta tendencias

Para poder escribir sobre los temas de actualidad es importante que **sigas y revises a expertos de todo el mundo**. Esto te permitirá detectar tendencias. Además, si eres el primero en hablar de un determinado tema en castellano, el resto de profesionales del sector no tendrá otro remedio que citarte. Otra forma de usar las tendencias a nuestro favor es **usar Google Trends**, una herramienta muy útil para ganar visitas.

4. Realiza entrevistas a gente relevante

Aunque es difícil de conseguir, debes tratar de ponerte en contacto con **personas que sean de interés para tu público e intenta conseguir una entrevista.** De este modo tendrás un artículo exclusivo que generará gran cantidad de backlinks

5. Escribe como invitado para otros blogs

Una forma de darte a conocer y conseguir backlinks de calidad es buscar a otros bloggers expertos en tu sector y **ofrecerte a escribir un artículo para ellos** haciendo Guest Posting. De este modo es muy probable que los seguidores de dicho blog acaben siguiéndote y enlazando alguno de tus artículos.

Recuerda ser agradecido y ofrecerte también a que otros escriban en tu blog.

6. Participa en concursos o crea tu propio concurso

Una magnífica forma de darte a conocer y lograr enlaces es participando en alguno de los **numerosos concursos** que existen para bloggers. Este tipo de concursos son seguidos por **miles de personas,** por lo que los artículos que presentes serán leídos por mucha gente que no dudará enlazarte si tu creación es fresca, original y aporta valor.

Por otra parte, tú también puedes **ser el organizador de un premio para blogueros de tu sector de negocio**, de esta forma además de ganar lectores estarás **aumentando y mejorando tu propia imagen de marca.**

7. Busca tus artículos en la red

Por desgracia existe mucha gente que **copia párrafos o artículos enteros** sin atribuírselos a su verdadero autor.

Por este motivo es recomendable que **busques tus creaciones en la red** (ya sean vídeos, imágenes o textos) **y revises si han enlazado a tu página**. Si no lo han hecho, pide que lo hagan. Recuerda que es tu trabajo y tienes derecho a que te lo reconozcan.

8. Participa en foros

Internet está lleno de foros de todas las temáticas. En muchos de estos foros, **siempre que tus comentarios sean de valor, te dejarán incluir enlaces a tu web**.

Si no estás seguro de poder hacerlo, solo tienes que preguntarles a los administradores de cada foro. Eso sí, seguramente tendrás que participar con cierta regularidad.

Hasta aquí mi artículo sobre **¿Qué son los enlaces entrantes o backlinks?**, espero que te haya gustado y te sirva de ayuda para mejorar el posicionamiento de tu sitio web.

¿Qué es el Big Data?

En el mundo moderno se maneja una **inmensa cantidad de información** y por ello necesitamos el Big Data. Censos de la población, impuestos, información de clientes, etc. Esta base de datos puede ser almacenada y analizada posteriormente mediante la implementación de algunas herramientas.

El Big Data puede abrirnos el camino a un mejor enfoque de nuestras estrategias de negocio. Entonces, ¿Qué es el Big Data y cómo puede ayudarnos?

¿Qué es realmente el Big Data?

Es el conjunto de base de datos que posee una empresa, la cual puede ser extraída y analizada a fin de facilitar la toma de decisiones, lo cual nos dirige a la implementación de estrategias innovadoras en nuestro negocio.

La base de datos de una organización se considera Big data, cuando rebasa 30-60 Terabytes a varios Petabytes. Aunque el concepto de datos está en discusión y no es lo realmente interesante para nosotros.

Para la implementación de la misma, se hace necesario recurrir a otras herramientas a la par, tales como el ERP, o un CRM, los cuales poseen datos estructurados.

¿Cómo funciona el Big Data?

El Big Data se basa en la tecnología del Hadoop. El Hadoop es un software libre desarrollado por Apache. Es el nombre con el que se conoce a un conjunto de programas y herramientas orientadas a procesar grandes cantidades de datos en paralelo en computadores distribuidos.

El Hadoop es el nombre del proyecto creado en Yahoo! por Doug Cutting y Mike Cafarella. Se trata de un sistema operativo distribuido creado para procesar grandes cantidades de datos. Este sistema operativo está basado en la tecnología MapReduce que fue desarrollada por Google.

El Hadoop fue escrito en Java y la mayoría de las aplicaciones que se ejecutan sobre él se escriben también en Java. Por este motivo es habitual que el Hadoop sea utilizado como base para construir aplicaciones orientadas a Big Data.

MapReduce es una aplicación orientada a producción que se ejecuta sobre el Hadoop y que consiste en un **algoritmo** para realizar operaciones sobre grandes cantidades de datos en paralelo. La idea principal detrás del MapReduce es la división del trabajo: la recolección y el procesamiento de los datos se dividen en dos partes: la primera parte consiste en recoger los datos (Map), la segunda parte consiste en procesarlos (Reduce).

Estas dos partes se ejecutan simultáneamente en múltiples nodos (máquinas). Por este motivo, MapReduce es un sistema distribuido. Otro aspecto importante del MapReduce es su capacidad para realizar operaciones paralelas: no importa cuántos nodos hayamos configurado, todos ellos trabajan simultáneamente y al mismo tiempo.

¿Cómo puede ayudarnos el Big Data?

El Big Data proporciona información vital que repercute directamente con nuestras ganancias. **Mediante él podemos saber las tendencias de los**

usuarios, lo que agiliza nuestras técnicas de ventas, y nos permite trabajar eficientemente, ya que la amplitud de información nos ayuda a detectar problemas claramente.

Otro aspecto de gran importancia con la utilización del Big Data, es que nos ayuda a trabajar mediante la prevención, ya que, logramos detectar problemas que aún no se han cristalizado, pero de haber continuado en el mismo camino, hubiera ocasionado pérdidas.

De modo que gracias **al acceso de información amplia** podemos detectar esos problemas antes que siquiera pudieran ocasionar "graves" inconvenientes.

Beneficios del Big Data

Disminución del coste

En el campo económico, almacenar información en la nube para su posterior análisis, reduce dramáticamente los gastos, además de resultar muy útil para identificar mejores estrategias. **De modo que, al comparar costes y ganancias, los beneficios rebasan las posibles desventajas.**

Eficacia en la toma de decisiones

Con la velocidad en la obtención de la base de datos, **se pueden implementar una eficaz serie de decisiones, aportando un giro a nuestro enfoque sin dañar nuestras ganancias.**

Para ello es vital estructurar la base de datos lo más rápido posible, para evitar decidir en base algo incomprensible o desactualizado.

Ofrecer lo que el cliente desea

Con el estudio del Big Data, se abre un abanico de nuevas promociones para los clientes. Por ejemplo, mediante esta información, se logra **obtener patrones de conducta**, de modo que podemos ofrecer lo que el cliente comúnmente consume.

También **podemos percibir las circunstancias en la que se encuentra el cliente** incluso antes de que llegue a pasar y, a su vez, dar un paso más y ofrecer algo extra que le termine de convencer.

Gracias al Big Data, se puede percibir ciertos comportamientos que se repiten y coinciden en la misma circunstancia. Por ejemplo, Las mujeres con tres meses de embarazo tienden a comprar productos similares.

Después de obtener la información, **conviene estudiar los datos** ¿Sus compras indican que está embarazada? ¿Qué tiene niños? ¿Es joven o mayor? Basándonos en este caudal de información, **podemos ofrecer distintas promociones que verdaderamente les interese.**

Ya sabes, el Big Data puede mejorar tu vida y la de tu empresa.

¿Qué tipo de problemas resuelve?

El Big Data ayuda a analizar y extraer información de grandes cantidades de datos para obtener información útil para las decisiones empresariales. El Big Data permite conocer y entender mejor a los clientes, lo cual facilita la toma de decisiones ante situaciones novedosas o imprevistas.

¿Qué tipo de problemas no resuelve?

El Big Data no resuelve problemas relacionados con la gestión del negocio como la gestión del inventario o la gestión del stock. El Big Data no resuelve problemas relacionados con la gestión del negocio como la gestión del inventario o la gestión del stock.

¿Qué es el Black Hat SEO?

Son múltiples las estrategias que se usan en las campañas de Marketing digital para lograr un **posicionamiento privilegiado** en Internet y una de ellas es el Black Hat. El SEO es una de las más utilizadas para lograr estos objetivos planteados.

Sin embargo, son muchos los que han optado por el camino "fácil" pero fraudulento del Black Hat SEO, que al final **tiene efectos más perjudiciales** que sus aparentes ventajas, sobre todo, si usan tarde.

Definición del Black Hat SEO

El Black Hat SEO son todas aquellas **estrategias aplicadas** con el objetivo de lograr un buen posicionamiento en los resultados de búsqueda, pero **violando las reglas establecidas por los buscadores**. La expresión "Black Hat" alude al aspecto negativo o criminal de quien porta un sombrero negro.

Todas las estrategias deshonestas para lograr el posicionamiento fraudulento **son penalizadas eliminándolo de la búsqueda**, lo que puede incluir aquellas en las que se haya logrado un posicionamiento de manera legal.

Estrategias del Black Hat SEO

Cloaking

Estrategia que comprende una **dualidad en presentación de contenidos**. Mientras que al usuario se le muestra un formato Web, el buscador percibe otro formato aparentemente "legal".

SPAM

Comprende el **constante posteo** en blogs, de reseñas que nada tienen que ver con el tema. **Puede ser aplicado por medio de Bots** para que la publicación de contenido publicitario sea automática.

Spinning de SEO

Consiste en la **producción de contenidos extraídos de una Website** para luego publicarlos en otra presentándolos como originales. Con el claro objetivo de publicar contenidos atrayentes, son muchos los que dan uso de esta estrategia para minimizar costes que requiere el crear contenido 100% original.

Keyword Stuffing

El Keyword Stuffing es una estrategia que, enfocada en la **implementación excesiva de un Keyword en un mismo contenido**, con el propósito de obtener mayor relevancia para un mejor posicionamiento sin cuidar la coherencia de las frases expresadas.

¿Qué es el Call to Action (CTA) o llamada a la acción?

Nuestra página web debe disponer de una interfaz agradable, y de fácil manejo, ese es un aspecto vital en el mundo online. **En cada portal existen "botones" de call to action, o lo que es lo mismo llamada a la acción.** ¿Qué es exactamente esta herramienta? Y ¿Por qué nuestro website lo necesita?

¿Qué es el Call to Action (CTA)? Vamos por partes

Es una invitación al usuario para ejecutar una acción. Con ayuda de un texto-link, se persigue el objetivo de que este cliquee en el mismo, generando una repuesta en nuestro portal. **En las páginas web es común ver CTA que dicen "haga clic aquí".**

Un Call to Action es una frase o una imagen que le dice al usuario qué hacer. Un CTA puede ser un botón de compra, un enlace, una imagen, una imagen con texto, etc. Esto no significa que el CTA tenga que ser siempre un botón de compra. Un CTA puede ser cualquier cosa que le diga al usuario qué hacer.

¿Por qué nuestra web necesita el Call to Action?

Mediante estos "botones" patrocinamos nuestras ofertas o acciones del blog, de ahí deriva su importancia. Se encuentra ubicado en el panel de contenidos. Mediante él Invitamos al cliente a leer un artículo, comprar un producto, registrarse, etc.

Debido a que nuestro portal puede poseer una variedad de CTA para generar varias acciones, debemos procurar que estos estén perfectamente identificados. **A veces la saturación de botones de esta índole puede cegar al cliente,** generar estrés y, por lo tanto, después de visitarnos, enseguida se salga sin haber logrado nuestros objetivos. Por eso es preciso tener en cuenta una serie de recomendaciones.

Aspectos importantes al crear el CTA

Conocer tu audiencia

Puede parecer un aspecto irrelevante, pero para que el CTA tenga repercusión, debemos saber a quién nos dirigimos en ese post en particular. De esta forma, al patrocinar alguna oferta llamaremos la atención de ese lector al tema que verdaderamente le interesa. Si estas dirigiendo en post para expertos, no puedes colocar un CTA que los dirija a descargar material para principiantes, lo mismo en sentido contrario.

Cuida el aspecto del CTA

Los enlaces o botones deben armonizar perfectamente con el diseño de **nuestro portal**. Además, es preciso dejar un **espacio prudencial en los alrededores,** a fin de que este, no se mezcle con otros aspectos de nuestra web. **Deseamos que el usuario pueda localizarlo con facilidad.**

No satures con los CTA

Es cierto que podemos crear varios CTA en una misma página que incite a varias acciones, pero para ello debemos diseñarlos de forma distinta. Corremos el riesgo de ser molestos, si colocamos demasiados clics. Por lo tanto, **es importante pensar si cada uno de ellos son necesarios.**

Utiliza el CTA para dirigirlos a una página específica

Para este aspecto necesitamos ser empáticos. Si el internauta **ha dado clic a un producto en particular, el CTA debe dirigirlo específicamente allí, no a otra cosa que deseamos promocionar.**

De lo contrario, el cliente perderá interés y lo que es peor, no ingresará a nuestra página. Es entendible esta reacción, ya que parte del auge de Internet, es que ahorramos tiempo en nuestras búsquedas, y al hacer "trampa" hacemos que el cliente pierda su valioso tiempo.

Además, dejará de confiar en ti y, eso, no lo quieres…

Al crear estos CTA debemos cuidar estos y muchos otros aspectos, a fin de garantizar el éxito en nuestro negocio online. **No debemos descartar aplicar Testing A/B** a fin de asegurarnos de que el botón o enlace sea realmente útil.

¿Cuáles son las partes de un Call to Action?

Un Call to Action puede tener varias partes, pero el mínimo necesario es:

- El texto del CTA. Este debe ser lo suficientemente claro y contundente como para que el usuario sepa exactamente qué hacer.
- Si el CTA es un botón, el botón debe ser grande y fácil de ver.

- Si el CTA es un enlace, este debe estar en la parte superior de la página o en la parte superior del contenido. No debes colocar el enlace en la parte inferior de la página o del contenido.
- Si el CTA es una imagen con texto, este debe estar en la parte superior de la página o del contenido. No debes colocar el texto en la parte inferior de la imagen o del contenido.

¿Cuál es el tamaño ideal para un Call to Action?

El tamaño ideal para un Call to Action depende del medio por el que se transmita y del dispositivo que se use para leerlo. Por ejemplo, si se trata de un documento impreso, el tamaño ideal es aproximadamente 3×3 pulgadas.

Si se trata de un documento digital, el tamaño ideal es aproximadamente 1×1 pulgadas. Por lo general, cuanto más grande sea el tamaño del CTA, mejor será su efectividad. Sin embargo, no debes usar un tamaño tan grande que te impida mantener la armonía visual del resto del contenido.

¿Qué es el Campo Semántico y para qué sirve?

El campo semántico es una agrupación de palabras de cosas distintas, pero que comparten una relación. Por ejemplo, en la vida diaria utilizamos términos generales que encierran un conjunto de cosas. Es decir, cuando se utiliza la palabra: animales, en ellas incluimos conejos, patos, perros, etc. Evidentemente, estas palabras son distintas, **pero están relacionadas** por un mismo término que los caracteriza de forma general.

Ahora bien, se puede utilizar palabras que definen cosas distintas como sinónimos, por ejemplo, vehículos, eso encierra moto, coche, bicicleta, etc. Entonces, al hablar de cualquiera de ellos podemos utilizar sin problema el término vehículo.

Debido a esto, conviene preguntarse ¿Por qué es importante el campo semántico en el mundo digital y en especial del SEO? ¿Cómo podemos utilizarlo para posicionar nuestra página web? En este post te hablaré de ello.

¿Por qué es importante el campo semántico en el mundo digital?

Su importancia radica en la forma en cómo funcionan los buscadores, los cuales hacen una relación de palabras claves guiándose de forma inteligente por el campo semántico. Esta información **es vital para lograr una posición en los resultados SERP**.

Es decir, aunque puedes utilizar una palabra definida de búsqueda, puedes ampliar las posibilidades de ser leído si agrupas en un mismo artículo o texto palabras que guarden relación.

Para entender este punto, debes saber, que por ejemplo, en el caso del algoritmo del Gigante Google, basa sus resultados de búsquedas de acuerdo a las intenciones del usuario. De tal forma que puede agrupar artículos que, de acuerdo a la semántica, contexto y estructura, **pueden representar el resultado ideal para cada internauta.**

Hace algunos años, nuestro buscador estrella, Google y sus competidores, tenía problemas para determinar la respuesta a una búsqueda en específico, ofreciendo en algunos casos información errada.

Actualmente, con el campo semántico da mejores repuestas. Por lo general, el campo semántico se utiliza para describir un lenguaje, pero en el campo digital tiene gran relevancia, de hecho, es una de las bases para tener presencia en la red.

En el campo de marketing permite que los artículos ofrecidos de manera digital se orienten de forma armoniosa de acuerdo a las necesidades y deseos del internauta. Todo esto permite lograr posicionamiento en la red, de modo que es una vital como estrategia de visibilidad en el mundo digital.

¿Qué entienden los buscadores como campo semántico?

Google antes trabajaba con base en la palabra clave de los artículos. Ahora su búsqueda es más precisa, porque **intenta entender el artículo que ofreces y la intención del usuario**. De tal modo, que procura analizar varios aspectos: la posición de las palabras, la relación de los términos usados, es decir, los sinónimos, antónimos, frases, e incluso las abreviaturas, etc.

Todo esto ha permitido que buscar en la red sea muy fácil y que de hecho en pocos minutos los buscadores nos muestren justo lo que buscamos. De modo que Google también entiende como campo semántico las **palabras en plural y singular,** es decir, que si en tu artículo aparece una palabra de forma singular y un usuario lo busca de forma plural, de igual manera lo colocará como un término similar.

De modo que **no conviene utilizar repetidamente palabras en singular y plural,** pues no cumplen ninguna función, más bien representan un abuso de Keyword sin sentido, lo que conocemos con Keyword Stuffing.

Por otro lado, los adjetivos y sustantivos, también se incluyen en campo semántico. Además de las **variaciones lingüísticas**, por ejemplo, si buscas en la red Tereré es posible que aparezcan resultados de mate. Pues el buscador entiende que se trata de la misma bebida llamada de forma distinta por la cultura o nación.

Co-ocurrencia es otro asunto importante. Es decir, aquí el buscador trata de entender de qué habla tu artículo de acuerdo a la palabra que **colinda o concurre con la keyword principal**.

Por ejemplo, imagina que el keyword principal es Panda. ¿Cómo saber si tu artículo es la respuesta del usuario? Google debe entender el término con el que concurre constantemente, como especies, oso, etc. Si es así, entenderá que tu artículo es de animales y, por lo tanto, no lo colocará como resultado para un grupo de música.

Lo anterior evidencia, que los buscadores se han esforzado en los últimos tiempos por dar información precisa e inmediata. Por lo tanto, si deseas que tu blog logre posicionarse, debes enriquecer tus textos con variaciones de palabras relacionadas, que no es otra cosa que **implementar el SEO semántico**.

¿Cómo utilizar el campo semántico para posicionar una web?

Antes de publicar un tema debes **implementar una serie de keywords** respetando el campo semántico, es decir, no se trata de abusar de la palabra clave, más bien, de buscar variantes que amplíen las posibilidades de que tu artículo logre los primeros resultados. Para logrado debes tener en cuenta varios detalles.

Google te da sugerencia de búsquedas

Cuando colocas una palabra en el buscador, el mismo Google añade palabras relacionadas, esto te puede ser útil para anexarlo de forma inteligente en el texto que vas a redactar.

En la parte final de la página, también verás algunas sugerencias relacionadas. Puede ser útil para variar los términos o para **desarrollar subtítulos relacionados**.

Recuerda que los textos que desarrolles deben tener el propósito de ofrecer respuesta a los usuarios. Esas sugerencias son precisamente lo que los internautas están preguntando, de modo que si lo añades en tus blogs podrás competir en calidad de artículos.

Utiliza el * para buscar variantes de palabras en Google

Si deseas encontrar un **listado sustancioso de palabras relacionadas**, puedes implementar un truco con el mismo buscador de Google, es decir, en la misma caja de búsqueda (en donde se coloca la pregunta de interés) debes colocar un * seguidamente de la palabra clave.

Allí se desglosará las búsquedas de esa palabra en específico. Con esta información, podrás redactar un tema brindando repuesta oportuna. Este hecho extiende tus posibilidades de posicionarte en los resultados SERP.

Por otro lado, si colocas el mismo *, pero ahora entre dos palabras claves, te saldrá las búsquedas de las mismas junto a un término extra.

Planificador de palabras clave

Google Adwords ofrece una ayuda adicional que es muy útil. Puedes ubicarte herramientas, después seleccionas planificador de palabras clave, una vez allí, debes pulsar en Buscar nuevas ideas para palabras clave, y por último, anuncios.

Estando allí, puedes escribir el término que desees, seguidamente el mismo buscador te **dará un listado con el campo semántico,** es decir, palabras relacionadas. Todo esto contribuye al posicionamiento de tu artículo.

Revisa la densidad de las palabras claves

Un último punto que debes considerar, a fin de que tu artículo este bien redactado, es que debes revisar el **número de veces que has usado ciertas palabras**. En la red hay varias páginas gratuitas que te permitirán hacer este último chequeo.

De hecho, no solo te dirá un porcentaje de las keywords sino también, de algunas palabras que has usado de forma espontánea y que sin querer se han vuelto una **muletilla.**

Si percibes que una keyword la has usado demasiadas veces, entonces, debes dirigirte al borrador, y cambiar el término o eliminarlo si consideras que no es necesario. Por lo general este tipo de análisis se hace de forma muy fácil, incluso no hay límites de palabras, puedes analizar más de dos mil palabras al mismo tiempo.

¿Qué es un chatbot?

Vivimos en una era muy acelerada, donde **obtener respuestas en el menor tiempo posible, es una prioridad**. Este hecho acelera la toma decisiones. Cuando queremos un producto, nos planteamos una serie de dudas, si no hallamos las respuestas, perdemos el interés y buscamos otra opción que nos brinde lo que queremos al momento.

Los Chatbots son muy útiles para mantener el interés de los compradores potenciales, ¿cómo pueden ayudarte en tu negocio?

Los chatbots son aplicaciones que utilizan inteligencia artificial para responder a los usuarios de una manera natural. Estas aplicaciones están diseñadas para responder de manera automatizada y están empezando a ser utilizadas en diferentes sitios web para mejorar el proceso de conversión.

Los chatbots no son nuevos, pero han sido popularizados en los últimos años con la llegada de redes sociales como Facebook Messenger, Telegram y Slack.

¿Qué es un chatbot y cómo puede ser de utilidad en tu negocio?

El chatbot es un programa de mensajería que tiene la peculiaridad de "interactuar" con una persona. Ofrece respuestas automáticas ante una variedad de preguntas, de forma lógica e inmediata. Para algunos usuarios que no entienden este tipo de software, pueden creer que están hablando con un operador.

Podemos decir también que un chatbot es un sistema parecido a una máquina que puede leer e interpretar conversaciones humanas. Puede imitar el habla humana, interpretar el contenido y responder a las preguntas de los usuarios. La tecnología está siendo utilizada cada vez más por organizaciones como Twitter, Facebook y Microsoft.

Existe una diversidad de chatbot. **Los programadores preparan de antemano una serie de respuestas ante una multitud de preguntas comunes**, las cuales las ofrecen en todo momento, independientemente del día y la hora.

¿Cómo se crea un chatbot?

Un chatbot consiste en un conjunto de "máquinas" pre programadas que procesan la entrada del usuario y crean la respuesta deseada. Cada máquina tiene diferentes habilidades y requerimientos que determinan la respuesta que puede dar al usuario. Puede ser capaz de identificar a los usuarios, predecir sus necesidades, y darles ayuda específica cuando la necesiten. También puede realizar acciones basadas en sus datos.

¿Qué hace un chatbot?

Los Chatbots puede ayudar a la gente a encontrar, programar o hacer un seguimiento de las citas. Pueden responder a preguntas, pedir ayuda y realizar búsquedas. Los Chatbots también pueden ser usados para realizar tareas como

El chatbot es útil para el marketing

Clientes satisfechos

Los chatbots acompañan al cliente en cada paso de compra, de modo que **pueden brindar asesoría, soporte y tramitar cobros online, de forma rápida y eficientemente**. Esto sin dudas le da valor a tu marca, los clientes buscan sentirse satisfechos, y eso es lo que brindas con ayuda de los chatbots.

Reducción de Recursos Humanos

Un beneficio extra es que **no requerirás de un gran número de recursos humanos para responder preguntas comunes.**

En caso de que un comprador presente dudas más complejas, los chatbots pueden redirigirlos a los operadores de verdad, de modo que **estos sirven de pre-filtro, en la asesoría de compra-venta**. De esta forma queda garantizado que, **quien requiere de un asesor personal, realmente comprara lo que estás ofreciendo.**

Agiliza las operaciones en las empresas

Este tipo de ayuda, agiliza las operaciones en las empresas. **Estos tramitarán cualquier operación que le hallas programado, en cualquier momento.** No está sujeto a un horario laboral, de modo que incrementara tus ventas.

Su uso no exige de amplios conocimientos de programación. Distintas aplicaciones se enfocan en la creación eficaz de bots, en todo campo: turismo, concursos, encuestas, etc. Una de estas aplicaciones que llevan la delantera en este campo es Telegram.

Facebook también ha incorporado el uso de chatbots en su plataforma. Cada vez, es más común recurrir a este tipo de software, como estrategia de marketing. Solo bastará con buscar más información al respecto. Sin dudas **impactará positivamente en tu empresa vía online.**

¿Cuáles son los tipos de chatbots más utilizados?

Los tipos de chatbots se dividen en una variedad de interfaces de usuario. Algunos de los más populares incluyen

- Interfaces basadas en voz
- Interfaces visuales

Interfaces basadas en voz

Las interfaces basadas en voz están controladas por voz. El usuario puede interactuar con el bot hablando o escribiendo al bot usando un conjunto de comandos predefinidos. El bot interpreta el discurso del usuario y responde a sus comandos.

Por ejemplo, un bot basado en texto respondería a un mensaje como "Lo siento" con un mensaje como "Gracias". (Nota: Los robots basados en texto a veces se denominan robots de chat operados por voz.)

Interfaces visuales

Los robots visuales suelen ser una combinación de interfaces de usuario textuales y gráficas. No están tan limitados por el idioma, y el usuario puede interactuar fácilmente con ellos.

Por ejemplo, un chatbot gráfico puede responder a un mensaje como "¡Hola, mundo!"

¿Por qué se utilizan los chatbots?

El principal objetivo del uso de un chatbot es mejorar la experiencia de conversión del cliente. Los chatbots tienen la capacidad de responder automáticamente a las preguntas que un cliente pueda tener sobre un producto o servicio. Estas preguntas pueden ser sobre el producto en sí mismo, pero también sobre el proceso de compra o sobre el envío del producto.

El uso de un chatbot es ideal cuando no es posible ofrecer una atención personalizada al cliente, ya sea porque el volumen de pedidos no lo permite o porque no hay suficientes personas para atender las dudas del cliente.

¿Qué ventajas tiene usar un chatbot?

La principal ventaja del uso de un chatbot es que automatiza el proceso de conversión del cliente. Este, responde a las dudas del cliente y le ayuda a completar la compra del producto o servicio. Esta automatización también permite que la empresa tenga menos costos operacionales, ya que puede responder solamente las dudas más frecuentes y no necesita ser atendido por un humano.

¿Cuáles son los principales obstáculos para implementar un chatbot?

La principal barrera para implementarlo, es la falta de conocimiento sobre cómo funcionan estas aplicaciones y cómo se integran con el sitio web. También pueden existir barreras legales al uso de un chatbot, ya que estas aplicaciones pueden generar responsabilidad civil o penal si no se implementan correctamente.

Por ejemplo, si falla y no puede responder correctamente a las dudas del cliente, este puede demandar a la empresa por daños y perjuicios.

¿Cuál es la mejor manera de implementar?

El primer paso para implementar un chatbot es definir cuál es su objetivo: ¿qué tipo de preguntas va a responder? ¿Qué tipos de productos o servicios va a vender? ¿Qué tipo de información necesita para responder las dudas del cliente?

Una vez que se han definido estos objetivos, la empresa debe decidir qué plataforma va a utilizar para crearlo. Las principales plataformas para crearlo son Facebook Messenger, Telegram y Slack.

Estas plataformas permiten integrarlo con el sitio web de la empresa, lo que le permite responder las dudas del cliente desde el sitio web. La integración de un chatbot con un sitio web es muy sencilla y puede ser realizada por cualquier persona con conocimientos básicos de programación.

¿Cuáles son los beneficios de integrar un chatbot con un sitio web?

La principal ventaja de integrarlo con un sitio web es que permite ofrecer una atención personalizada al cliente, sin necesidad de tener una persona atendiendo las dudas del cliente. La integración de un chatbot con un sitio web también le permite a la empresa ofrecer información sobre el producto o servicio.

Esta información puede incluir los precios, los términos y condiciones, así como diferentes opciones de pago y envío. Otra ventaja de integrar con un sitio web es que le permite a la empresa personalizar la experiencia del cliente. Esto significa que la empresa puede ofrecer información relevante al cliente y responder a sus dudas de manera personalizada.

¿Qué es el Clickbait y cómo funciona?

Si tenemos una página web, los clics de los usuarios son de gran importancia, deseamos que los usuarios accedan al contenido que hemos preparado, pero ¿cómo lo logramos? El **Clickbait** puede ser una opción.

Hay varias técnicas de marketing, no obstante, una de las más usadas es el Clickbait, que es muy interesante. ¡Toma nota de esta eficaz técnica!

¿Qué es el Clickbait y para qué sirve?

El Clickbait, Clickbaiting es el ciberanzuelo o cibercebo, el cual consiste en generar la mayor cantidad de clics mediante titulares sensacionalistas, atractivos y que sean casi irresistible al usuario no darle clic.

Para ello se debe **elaborar un título breve** que despierte **la curiosidad**, pero que no aporte demasiados detalles del contenido, de modo que el usuario se sienta en la "necesidad" de dar clic para saber más.

Los seres humanos somos curiosos por naturaleza, de modo que **esta técnica** para que ingresen en nuestra dirección **es eficaz**.

No obstante, en los últimos tiempos, **es tomada como negativa entre los usuarios de Internet y de las RRSS**, debido a que el contenido es **de baja calidad**, o peor aún, la información no corresponde con las expectativas planteadas en el título.

Es cierto, que los Clickbait logra casi de forma automática el ingreso de los usuarios en nuestro link, sin embargo, al percibir la baja calidad del contenido o lo engañoso que fue, el usuario enseguida se irá, de modo que afectaría nuestra popularidad y porcentaje de rebote.

Es una técnica que requiere ser usada inteligentemente.

¿Cómo funciona el Clickbait?

Funciona de manera muy simple, y se basa en el concepto de atraer la atención del usuario hacia un contenido que no tiene nada que ver con lo que promete. Esto puede hacerse de dos maneras:

- Utilizando palabras o frases para atraer la atención del usuario hacia el contenido. Utilizando imágenes o videos para atraer la atención del usuario hacia el contenido.
- Por ejemplo, si te gustan los gatos, puedes ver un anuncio de una marca de ropa deportiva, y al hacer clic en él te llevará a una página web donde se publicita una marca de bebida energética. Este es Clickbait.

¿Es importante el Clickbait?

El Ciberanzuelo es una técnica, que **si se utiliza equilibradamente** puede representar **una mejora en el Click Trough Rate**, es decir, afectar positivamente **nuestro** posicionamiento SEO. Por ello, es de vital importancia **ahondar en la forma correcta de su utilización**.

El diccionario SEO para dummies - Santos Muñoz Tebar
2022

Hoy es ampliamente difundida esta práctica, pero muchos usuarios se predisponen por el contenido de las mismas, debido al alto número de publicidades o contenido engañoso.

¿Por qué es malo el Clickbait?

El Clickbait es malo porque no permite al usuario acceder al contenido que está buscando, y le está engañando con información falsa o distorsionada. Además, está desvirtuando la publicidad, ya que hace que los anunciantes paguen por visitas falsas o por visitas que no llevan a ningún tipo de venta o conversión para ellos.

¿Qué te ha parecido?

¿Y si te digo que puedes hacer Clickbait de forma natural y no artificial? No te voy a hablar de una técnica que usa el Clickbait para generar visitas. No te voy a hablar de un método que te haga crear una página web que atraiga solo por el título.

No. Te voy a hablar de un método que te permita utilizar el Clickbait para generar más visitas naturalmente, sin necesidad de crear un contenido artificial. Ya sabes que los títulos son importantes. Y no solo porque sean atractivos, sino porque deben generar interés en el lector. Y esto es lo que hace esta técnica.

¿Cómo hacer Clickbait de forma natural?

Para explicarte cómo hacerlo de forma natural, voy a utilizar un ejemplo real. Un ejemplo que ya he utilizado en alguna ocasión para explicarte cómo funciona este tipo de títulos.

El ejemplo es el siguiente: ¿Cómo hacer Clickbait para atraer visitas a tu página web? ¿Qué te parece? ¿Te ha gustado el título? ¿Te ha hecho sentir curiosidad? ¿Te ha hecho leer, ver o descargar el contenido?

Si has respondido "sí" a alguna de estas preguntas, entonces **has conseguido el objetivo principal del Clickbait: generar atracción**. Y lo has conseguido con un título sencillo y natural. Sin necesidad de recurrir a técnicas artificiales para atraer visitas. Sin necesidad de crear contenidos artificiales.

¿Qué es el Contenido evergreen?

Cada portal o sitio web se define según sus características, diseño y sobre todo por el contenido que los compone. Ahora bien, dirigiéndonos más específicamente al contenido de la web, **existen distintos tipos de contenido**, algunos de los cuales son temporales, pero otros son de larga duración. Estos se conocen como contenidos evergreen.

Sí, seguro que te estás preguntando, ¿Cuáles son los contenidos evergreen?, ¿cómo crear contenidos evergreen?, ¿funcionan bien para el SEO?

¿Qué es el Contenido evergreen?

Es aquel contenido que **puede perdurar hasta meses y años** y aun así no caduca. La transliteración de la expresión "contenido evergreen", es "contenido siempre verde", lo que da alusión a la información que no muere, sino que **sigue siendo útil,** de vital interés.

Por ser un contenido de larga duración, la información aportada **es de gran valor**. No es de esperar que este tipo de información sea de tendencia actual. Carece de total importancia colocar fecha de publicación, ya que ese dato es irrelevante por ser un contenido atemporal, pero es cierto que en las SERP, colocar una fecha actual puede mejorar el CTR.

Su aplicación en el portal es muy positivo, debido al logro de un interesante **incremento en el tráfico de visitas**, a medida que se cuelgan más contenido evergreen.

Aunque alcanzar un buen volumen de tráfico lleve tiempo, cuando se conquista la meta planteada, disfrutamos de un flujo de **tráfico constante** por indeterminado tiempo.

¿Cómo crear contenidos evergreen?

Para crear un contenido evergreen para nuestro sitio web, la información a plantear debe ser de **mucha relevancia e interés por mucho tiempo**.

En caso de no estar seguro del valor de la información a utilizar, es recomendable abandonar la intención, y en su lugar plantearnos un nuevo tema.

Lo que se desea es que **nuestro texto base pegue con fuerza**, para garantizar el éxito de nuestro contenido evergreen. Estos contenidos se pueden ir ampliando con el tiempo sin problema, lo que además dará fresh content a Google.

Veamos los siguientes consejos para el desarrollo de un contenido apropiado para ser considerado evergreen.

Sé el primero en crear contenido evergreen

Procura que tu fuente **sea original**, nada de plagio ni maquillaje de textos, solo así generas confianza y aceptación entre los visitantes. El contenido debe estar bien documentado, limpio y de fácil entendimiento, apoyándote en **material visual** que verdaderamente aporten al tema expuesto.

Contesta las preguntas

La mayoría de los usuarios de Google que navegan en la red buscan respuestas a lo que sea. **Ofrece lo que buscan… "RESPUESTAS"**. Plantea el tema desarrollado en forma de preguntas y sé claro y directo respondiendo las preguntas, para luego pasar a desglosar puntos secundarios.

Utiliza un tema bien estructurado

Es cierto que en nuestro contenido deseamos detallar todo muy bien, pero las extensas descripciones harán que la lectura se vuelva pesada en muchas ocasiones.

Con una buena estructura, podrás dar uso de **títulos bien pensados**, que vaya definiendo la información de una manera más amena, cuidando de no hacer saltos, para **que no se pierda el hilo argumental** del texto.

En medio del imparable avance digital, **content marketing** es un término muy común y frecuentemente oímos hablar de su necesidad e importancia. Pero en realidad tenernos claro **¿En qué consiste?** ¿Qué es? ¿Cuál es su ciclo? ¿Cuáles son sus particularidades estratégicas y técnicas?

El content marketing es una técnica innovadora que **consiste en crear y distribuir contenido de valor** para los lectores, buscando cumplir un objetivo, a través de la formación y entretenimiento del usuario. Así, ha pasado a convertirse en una **tendencia** imparable y casi obligatoria para empresas y startups.

Dicho de otra forma: el contenido es el rey y cada tweet que lees, post que compartes o ebook que te descargas puede formar parte de una estrategia que tiene algún objetivo final, que puede ser una venta, branding, generación de leads. Además, sirve para construir marca y generar un vínculo emocional mucho mayor con los clientes o potenciales clientes.

El ciclo del content marketing

El content marketing, un ciclo preciso y engranado que consta de las siguientes fases:

1. **Escuchar a tu audiencia o a tu lector ideal**: si quieres que la gente te lea, te comparta y fidelizarlos, debes **conocer a los lectores** de tu blog o tratar de pensar cómo lo harían ellos.
2. **Decidir temas y keywords:** una buena estrategia de content marketing se debe centrar en unos temas concretos, compuestos de unas **palabras clave concretas** que reflejen las necesidades, problemas o gustos de tus lectores.
3. **Crear contenidos:** el contenido siempre **debe tener valor** y no debes escribir sobre cualquier cosa. Hazlo sobre tu nicho, tu tema, tus keywords y lo más importante: **hazlo para tus lectores.**
4. **Promocionar los contenidos:** En internet somos unos auténticos desconocidos y la gente no sabe de nuestra existencia, por lo que **tenemos que promocionarnos sí o sí.** Existen las redes, el networking, la ayuda de los influencers y hasta pagar si lo necesitas.
5. **Medir y evaluar:** lo que no se mide, no existe. Es imposible saber si tus esfuerzos de content marketing están funcionando, si no lo vamos **midiendo y comprobando.**
6. **Replantear la estrategia:** Si ves que las métricas no acompañan a la estrategia que estás llevando a cabo, **replantéate qué está**

sucediendo. ¿Tienes mucho tráfico pero no conviertes? ¿Te pasa lo contrario? ¿Tu web es muy lenta?

El profesional de marketing y/o comunicación son diferentes las reglas, procesos, técnicas y herramientas que puedes aplicar en la definición e implementación de tus estrategias de content marketing, en el marco del desarrollo de la planificación táctica de cualquier compañía.

Lo importante es permanecer en **constante actualización para saber cómo proceder**.

Aprende a **crear diferentes contenidos**, desde lo textual a lo audiovisual. También a emplear tu contenido de la manera más apropiada en cada contexto. Asimismo, **utiliza los canales adecuados** y ten conocimiento acerca del **uso de las diferentes herramientas**.

Esto te llevará a saber definir correctamente tu **estrategia de content marketing** en toda su extensión, desde la investigación inicial hasta la ejecución, la publicación y el SEO.

Seguramente hayas aceptado ya muchos **avisos de *cookies*** en sitios web y te estés preguntado: «**¿qué son las *cookies*?**» Aquí te proporcionamos una sencilla explicación para que al **crear tu blog**, sepas que función tienen estos avisos.

¿Qué son las cookies? Una explicación sencilla

Las *cookies* son **paquetes de datos** sobre tu actividad en el sitio web que visitas. **El navegador almacena esta actividad en tu dispositivo, permitiendo que ese sitio tenga acceso.** No son espías, ni virus, ni ningún otro programa: son solo datos almacenados en ficheros de texto.

Cuando accedes por primera vez a un sitio web, su servidor pide a tu navegador que guarde determinadas *cookies* (los navegadores pueden configurarse para no hacerlo). El navegador las almacenará con cierta información tuya, según la *cookie*.

En sucesivas ocasiones, **el sitio web leerá las *cookies* guardadas de tu navegador y usará esta información para ofrecerte una experiencia personalizada** (tu idioma, la publicidad que visualizas o el contenido de tu carrito de la compra, por ejemplo).

¿Qué significa que un sitio web utiliza *cookies*?

Significa que necesita que tu navegador le almacene y le envíe información de tu actividad en el sitio. Puede necesitarlas para funcionar correctamente, pero también con fines estadísticos o publicitarios. Por ello, es necesario que te avise de las *cookies* requeridas, qué información guardan y para qué, y que tú lo aceptes.

¿Qué son las cookies de seguimiento?

Son *cookies* **de terceros** que almacenan toda la información posible referente a tus **hábitos de navegación** en Internet. O sea, no son exclusivas de un sitio web, y normalmente son utilizadas por empresas anunciantes que usarán estos datos para **identificarte en un perfil de usuario al que ofrecer una publicidad relevante.**

Si alguna vez te has preguntado «**¿qué son las *cookies*?**», habrás podido resolver muchas dudas con nuestro artículo. En esencia, las *cookies* son archivos de texto con información de tu actividad que los sitios web utilizan para personalizar tu experiencia en ellos.

¿Qué es la curación de contenidos? 8 herramientas perfectas

Toda persona vinculada con los medios sociales debe realizar como tarea básica, el cual es la **curación de contenidos,** pues esta es una técnica fundamental para alcanzar el éxito en el mundo del Marketing Digital.

El término "curación de contenido" es poco conocido, por eso es normal que surjan estas preguntas: ¿Qué es la curación de contenido? ¿Qué beneficios aporta?, y ¿Cómo se realiza? En adelante sabrás todo lo referente a esta maravillosa **estrategia de Marketing**.

Además, conocerás las mejores herramientas web que te pueden ayudar a efectuarla.

¿Qué es curación de contenidos?

La curación de contenido, también conocida como "Conten Curation", es una técnica que consiste en la selección de una determinada **información**

de internet que luego es filtrada y organizada de manera coherente. Al resultado se le agrega un valor adicional para darle un toque de originalidad y finalmente la información es difundida al público.

Aunque la curación de contenido es una estrategia poco conocida, existe desde hace muchos años. A diario muchas personas deben procesar la información que reciben de diferentes fuentes, en especial aquellos que manejan blog.

Algo importante que debes tener en cuenta es que la curación de contenidos no se trata de copiar información publicada en la internet y difundirlo como si fuera propia, esto recibe el nombre de plagio y es una acción prohibida que puede ser penada.

Tampoco es hacer un Retweet (RT). Solo debes realizar una evaluación crítica de un contenido, encajarlo en el contexto deseado y **enriquecerlo con creativos datos adicionales.**

¿Qué ventajas reporta la curación de contenido?

Muchos dudan de que puedan aplicar la curación de contenidos, pues consideran que es una tarea muy difícil. Otros tienen una agenda apretada y por eso consideran que no es necesario emplear este tipo de estrategia. Pero en realidad la curación de contenidos es **algo básico para la difusión de información**. Emplearla puede aportarte grandes beneficios, entre ellos:

- Colaboras con la difusión de contenidos de calidad.
- Mejora tu conocimiento debido a que siempre estás aprendiendo cosas nuevas.
- Te aporta ideas para la creación de nuevo contenido.
- Tienes la oportunidad de hacer entendible temas densos e incompresibles.
- Gracias a que manejas una gran cantidad de información puedes mejorar tu léxico y aprendes a utilizar diversos estilos de redacción.
- Mejora tu estrategia de Marketing, lo que da como resultado un aumento del número de seguidores.
- Puedes recomendarte como todo un experto en la materia.
- Aporta una mayor visibilidad a tu marca.

En vista de todas las ventajas que puedes obtener con la curación de contenidos, no debes dudar en realizarla. Mucho más si tienes una empresa. Esta le aportará a tu marca la mejor reputación y **te permitirá conectarte con una gran audiencia** de forma rápida y sin costos.

Es posible que para realizar este proceso debas invertir un poco más de tiempo, pero los excelentes resultados te indicarán que el esfuerzo vale la pena. Ahora, ¿Cómo puedes realizar la curación de contenido? A continuación, lo sabrás.

¿Cómo realizar la curación de contenido?

En el mundo de la información la curación de contenido se ha vuelto algo esencial. Esta, además de filtrar el contenido que se transmitirá, también hace ver al receptor la importancia del mensaje que está recibiendo. Pero con tanta información en la web, ¿cómo puedes lograr que la tuya se destaque entre las demás? Para conseguirlo debes seguir estos 6 pasos fundamentales:

Identifica los gustos de la audiencia

Cada una de las personas que siguen tu trabajo tienen gustos y necesidades distintas. Por eso debes hacer una breve indagación sobre lo que le gusta a la mayoría de ellos. Esto los hará posible que el contenido les atraiga y que den excelentes recomendaciones de tu trabajo.

Selecciona información llamativa

Para difundir un contenido de calidad se deben evitar escoger cualquier información que encontremos en la web. Lo verdaderamente importante es **seleccionar aquella que sea de interés y utilidad** a tu público.

Ejemplo: para realizar un artículo sobre "La alimentación de los perros" es irrelevante que hables de gatos, leones u otros animales. Por eso es esencial que conozcas las necesidades de los usuarios a los que te vas a dirigir.

Anteriormente, hacer este tipo de selección era un proceso tedioso y pesado, pues el trabajo era completamente manual, pero hoy día eso ha cambiado. Los sitios web son la forma más empleada en la recolección de información.

Las infografías, noticias, artículos y los videos, son excelentes fuentes de información que pueden ser de mucha utilidad en tu trabajo. Solo debes **seleccionar las más confiables** y las que mejor se adapten a tu temática.

Revisa y decide qué información tomarás

Algo importante que debes tener presente es que no podrás emplear toda la información recopilada, debido a que generalmente esta es muy elevada. Por eso debes tener tu objetivo bien definido para hacer una selección detallada del contenido. Así podrás saber lo que verdaderamente encaja con lo que vas a difundir.

Este paso requiere de mucha inversión de **tiempo y esfuerzo**, pues es necesario leer e investigar a fondo la información obtenida. Filtrar adecuadamente la información determinará el éxito o fracaso de tu publicación.

Organiza y esquematiza la información

El orden siempre facilita cualquier trabajo y esto no es menos importante en el caso de la curación de contenido, pues si organizas lo que has investigado, no tendrás pérdida de tiempo. Para ello debes **almacenar la información relevante** según su orden de importancia, adecuar el contenido al dialecto del público.

También debes tener en cuenta que la información no sea demasiado extensa y de ser necesario puedes ajustar el estilo o formato de tu publicación.

Añade información que sea valiosa y relevante

Este paso es la clave fundamental para esta estrategia. Es esencial que los contenidos digitales sean frescos y originales, por eso le debes dar un toque particular, creando una **estructura diferente, haciendo títulos nuevos** y combinando la información recolectada con lo que ya se conoce.

Este paso se podría comparar a añadir un ingrediente secreto a una deliciosa comida. En el caso de la curación de contenidos puedes añadir ilustraciones, experiencias, notas curiosas, ejemplos, entre otros. Todo con el objetivo de atraer y mantener la atención del público.

Decide el canal de distribución

Es el momento de que todo el mundo conozca tu trabajo. Así que debes **seleccionar los canales de distribución** para compartir tu contenido. Los más destacados son las redes sociales, entre ellas **Twitter, Facebook, Instagram y LinkedIn**. También puedes subir tu trabajo a un agregador de noticias o a un blog.

Este sin duda es el paso que todos anhelamos alcanzar y también el que nos llena de más ansiedad. Pero no debes preocuparte pensando de forma negativa sobre la aceptación de tu trabajo.

Si has aplicado cada uno de los pasos del proceso de la curación de contenido, el éxito de tu artículo estará garantizado.

Analiza los resultados

Una forma de saber el éxito alcanzado después de emplear la curación de contenidos es analizando los resultados. Para ello debes mostrarte atento a los **comentarios de tu público**, con ellos sabrás si tu trabajo ha gustado y si debes mejorar en algún punto.

Todo esto con la intención de optimizar tu trabajo y ofrecer un contenido de excelente calidad.

Es evidente que lograr el éxito en este campo de tanta competencia puede ser una tarea ardua, sin embargo, está a tu alcance, de hecho, puedes contar con herramientas a fin de tener éxito en esta estrategia.

Herramientas básicas para la curación de contenido

Manejar un volumen de información excesivo siempre ha sido abrumador. Por eso al implementar esta estrategia de marketing debes mantener la calma, si no lo haces puedes llegar a saturarte y eso solo logrará bloquear tu mente.

Esta situación tan estresante puede hacer pensar a muchos que la curación de contenidos es una tarea imposible, pero en realidad no es así. Afortunadamente, existen herramientas web que pueden ayudarte en el proceso.

Estas **facilitarán la búsqueda de artículos web confiables** y son muy diversas. De todas estas herramientas las más destacadas son:

Pocket

Este maravilloso lector de información es gratuito y útil para recopilar temas que podrás leer más tarde. Pocket es capaz de guardar en modo de lectura videos, audios, imágenes, publicaciones de redes sociales, entre otros. Si tienes un dispositivo inteligente y no te apetece leer la información, tienes la **opción de escucharla**. Estas son algunas de sus características:

- Clasifica las diversas informaciones por categorías para facilitar la búsqueda.
- Etiqueta todo el contenido existente.
- Almacena contenido de diversas fuentes, incluyendo las redes sociales.
- Funciona con Smartphone, Tablet y ordenadores.

Feedly

Feedly es tu mejor opción si eres nuevo utilizando este tipo de herramientas. La popularidad de este lector de RSS se debe a su **rapidez y sencillez de manejo**. Funciona de manera intuitiva, categorizando todo el contenido de forma inmediata para que luego lo puedas leer en formato de revista. También aporta estas ventajas:

- Detecta blogs inactivos en tu investigación.
- Te permite compartir contenido.
- Organiza por carpetas según la fecha.
- Te muestra las actualizaciones de las páginas guardadas.
- Es gratuito.
- Buffer

Esta herramienta es una de las más conocidas en el mundo del Marketing Digital. Lo más atrayente de ella es que te **permite medir el resultado** del contenido compartido, mostrándote una clara estadística del alcance de tu trabajo. También te permite guardar, curar y compartir información.

BuzzSumo

Una de las herramientas indispensables para la curación de contenidos es BuzzSumo, pues realiza un análisis y filtración de contenidos de manera inmediata, aportando la información relevante. Ofrece datos sobre los contenidos más compartidos según el idioma, el país, el tipo de contenido y la red social. Mostrando incluso información de los autores.

BuzzSumo calcula el impacto de un contenido determinado **y selecciona las keyword o frases relevantes** de los temas de interés. Esta herramienta posee una versión gratuita muy eficiente, pero si deseas disfrutar de más beneficios puedes optar por su versión de pago.

Linkedin Pulse

Este excelente curador de contenidos te permite hallar y leer cualquier contenido web. El formato de esta herramienta es atractivo, pues **organiza cada información por temas** en forma de mosaico y una vez que la hayas leído cambiara a un color diferente de los restantes.

Linkedin es ideal para acceder a las mejores noticias. Permite crear y compartir tu propio contenido y te indica el alcance de éxito del mismo.

Además, se adapta muy bien a diversas redes sociales, entre ellas Facebook y Twitter.

Flipboard

Flipboard se destaca por si, **eficiencia y sencillez**. Posee un formato muy interesante y divertido, presentado la información obtenida en forma de revista. Con esta herramienta puedes almacenar los temas que deseas leer por categorías y compartir el contenido curado en tus redes sociales.

Content Gems

El curador de contenidos, Content Gems, fue ideado especialmente para los profesionales del Marteking Digital. Con esta herramienta puedes realizar una búsqueda detalladade temas diversos y organizarlos por **categorías y subcategorías**.

Esta te permite curar y compartir todo tipo de contenido, y realiza un análisis de tus gustos para recomendarte temas que pueden ser de tu interés.

Curata

Si te encanta publicar contenido, pero llevas una vida muy ocupada, Curata es la opción ideal para ti. Esta herramienta **guarda, organiza, analiza y filtra**

contenidos de interés para aportarte información relevante. Dándote la oportunidad de acceder a ella en el momento que consideres más oportuno.

Curata te aporta la ventaja de publicar contenidos en Newsletters y redes sociales de manera sencilla e inmediata. También puedes operar esta herramienta desde tu **móvil u ordenador**.

Storify

Storify funciona de manera diferente a las herramientas antes mencionadas. Esta trabaja de forma directa con redes sociales, recopilando información y creando historias de los diversos contenidos, entre ellos videos, imágenes y mensajes.

También te permite hacer un seguimiento de contenido de interés mostrándote un análisis en tiempo real.

Conclusión

Ya conoces las mejores herramientas para realizar el proceso de curación de contenido. Aunque todas tienen el mismo objetivo, **cada una posee características que las hacen únicas**.

Solo queda de tu parte optar por la que más te guste o por la que mejor se adapte a tus requerimientos. Recordando que el mejor curador de contenidos siempre serás tú.

¿Qué es un Dashboard?

El desarrollo de estrategias eficaces para potenciar los objetivos planteados de una empresa, se deben al análisis minucioso de Dashboard, por ser útiles herramientas de seguimiento.

La aplicación de este recurso es un aporte que incrementará el éxito de nuestros negocios. En este artículo te revelaré **qué es un dashboard** y cuáles son las características que lo hacen de tanta utilidad.

¿Qué es y para qué sirve un Dashboard?

Un Dashboard es la representación de valores tipo KPIs Dashboard, dispuestos sobre un panel digital. La utilidad del dashboard es vital en toma de decisiones, como maniobra para lograr objetivos planteados en una empresa.

La implementación de un dashboard requiere de conocimientos especializados sobre la materia, para garantizar **verdaderos resultados positivos** en la evolución de la empresa.

Como indicador, debe de constar de una interfaz sencilla en la compresión de la información expuesta, así como permitir realizar comparativas y estimaciones.

Básicamente, **un dashboard sirve para revelar e identificar datos** que son necesarios a tener en cuenta para incrementar porcentajes en los objetivos logrados o por lograr.

Estos indicadores son comúnmente de índole gráfica, revelando detalles interesantes como, por ejemplo, fortalezas y debilidades de la empresa, así como también, cuáles son los factores implicados en el proceso.

¿Características de un Dashboard efectivo?

Visual

Un dashboard debe presentar **datos concretos en primer orden** para que, al pasar la vista sobre él, se identifique fácilmente sus informes. Para lograr este efecto, **se prefiere la función de presentar los datos expresados mediante gráficos**, por la particularidad de usar códigos de colores, flechas indicativas, etc.

Tiempo real

Para que los datos sean de verdadera relevancia y utilidad en la toma de decisiones, **se espera que los datos presentados en el panel gráfico estén actualizados**. Un dashboard desactualizado, es una herramienta inútil.

Personalizable

Los KPI utilizados deben ser de utilidad para la empresa en correspondencia al programa en que se ha orientado.

Para lograr extraer puntos relevantes del dashboard, **es necesario tener presente cuál es la información que requiero,** qué puntos principales deseo tener en cuenta y qué valores mínimos y máximos deseo activar como alarma.

El dashboard debe amoldarse a los gustos y preferencia de la entidad que lo aplica.

Práctico

El dashboard cumple su función, siempre y cuando el personal que labora sobre él, se sienta enfocado en el objetivo a lograr.

Por tanto, **debe existir un equilibro** informacional para que los resultados expuestos en el panel muestren lo que deseamos saber, ni más, ni menos.

La exposición de datos, de poca importancia, entorpecen la nitidez de los resultados. Por otro, la excesiva simplicidad de ellos desfavorece la toma de decisiones.

Datos estructurados: qué son y cómo funcionan

Los **datos estructurados o rich snippets** son etiquetas que ayudan a entender un poco mejor a Google de que trata una página.

En la práctica, estos datos son fragmentos de código que etiquetan los elementos que aparecen en una página, indicando a los buscadores la información que contiene. Para terminar de comprenderlo, veámoste un ejemplo:

El dueño de una **tienda online** de ropa puede añadir datos estructurados en la url de unos zapatos, indicando que se trata de un **producto**, el precio que tienen, la disponibilidad de stock...

Es decir, los datos estructurados contienen y muestran datos o características específicas de lo que se encuentra en esa URL. Esto hace que los motores de búsqueda entiendan inmediatamente al rastrear esa URL que se trata de un producto.

¿Y qué ventajas nos reporta que Google sepa qué es?

Ventajas de los datos estructurados: Features snippets, CTR e intención de búsqueda

Desde hace mucho tiempo, y para ciertos tipos de búsqueda, Google añade diferentes formatos junto a los típicos resultados de búsqueda. Estos formatos pueden añadir detalles o aparecer en forma de ubicación, cajas de productos, listas o preguntas. Reciben el nombre de **features o rich snippets**. Debajo puedes ver un ejemplo de un resultado que incluye valoraciones, reseñas, tiempo y calorías de una receta.

Siguiendo con el ejemplo de los zapatos de la tienda online, si el dueño incorpora los datos estructurados, puede conseguir que Google, además de mostrar la URL en los resultados de búsqueda tradicionales, enseñe también el producto en una de estas cajas junto a otros productos, lo que puede ayudar en gran medida **a mejorar el ratio de CTR** de nuestro sitio web, uno de los factores más relevantes para el posicionamiento orgánico.

¿Y por qué mejora el CTR? Pues porque el formato en el que aparece se coloca al principio de los resultados, por lo que el usuario lo ve inmediatamente. Además, al ser en un formato diferente es más llamativo, lo que facilita captar su atención y favorece el clic.

Por otro lado, Google está tratando de orientar los resultados que ofrece en cada búsqueda basándonos en **la intención de búsqueda**, con el objetivo de mostrar resultados los más específicos posibles para darle la respuesta que mejor se acerque a lo que el usuario busca.

Por lo que, si un usuario está haciendo una búsqueda comercial porque quiere comprar unos zapatos, será más probable que posicione la página de los zapatos si ha incorporado datos estructurados de producto, que es lo que es la intención de esa búsqueda.

Clases de datos structurados

Además del caso del producto, hay más elementos que se pueden
etiquetar con datos estructurados. Algunos de los más relevantes que
Google te permite etiquetar con su asistente son:

- **Aplicaciones de software**: En los resultados de búsqueda pueden
  aparecer el sistema operativo, los requisitos, la versión y enlace para
  descargar.
- **Empresas locales**: Adecuada para el SEO local. Puede mostrar datos
  como la ubicación, el teléfono, el horario, reseñas...
- **Evento**: Las entradas para espectáculos y entretenimiento aparecen
  en forma de cajas y listas, mostrando información del lugar, fechas,
  pases y duración.
- **Empleos**: Las ofertas de empleo tienen mucho protagonismo en los
  buscadores, y permite añadir, además del título de la oferta y la
  empresa oferente, datos como el salario, la ubicación y fecha de
  publicación y fin.
- **Artículos**: Si tienes un blog, puedes etiquetar elementos como el
  autor, fecha de publicación, imagen...
- **Películas, episodios de TV y reseñas de libros**: Al igual que los
  artículos y los eventos, pueden mostrar en los resultados de
  búsqueda datos interesantes como la duración y el autor.
- **Video**: La reproducción de vídeos continúa aumentando cada año, y
  por eso Google les da mucha importancia. En el marcador de Google

no hay una opción para etiquetar vídeos, pero tenerlo en la web puede hacer que aparezca.

Además de estos datos estructurados, en los resultados de búsqueda aparecen otros tipos que no incluye Google en su asistente. La recomendación es que te fijes cuando los veas e incorpores esos datos adicionales en tu web.

Cómo añadir y comprobar los datos estructurados de una URL

Para etiquetas datos estructurados en nuestro sitio web, Google pone a nuestra disposición un **asistente para el marcado de datos estructurados.**

Datos estructurados: qué son y cómo funcionan 6

Dentro de este asistente, tan solo tendremos que:

- Seleccionar el tipo de datos que vamos a marcar. Es decir, si es un producto, un evento, una reseña de un libro...
- Indicar la URL en la que se encuentran estos datos.
- Etiquetar los datos. Al realizar el segundo paso, aparecerá la interfaz de la URL que hemos indicado, y en ella de forma fácil e intuitiva vamos marcando cada tipo de datos.

Podrás comprobar si los datos se han marcado exitosamente con la herramienta de prueba de datos estructurados, también de Google, de dos formas distintas, bien poniendo la URL que deseas o pegando el fragmento de código que contiene los datos estructurados.

Datos estructurados: qué son y cómo funcionan 7

Tal y como aparece en la imagen, esta herramienta muestra el código que contiene los datos estructurados en la izquierda, y en la derecha clasifica los distintos elementos etiquetados, avisando de los errores de lectura y advertencias para mejorar el código. En el botón de "previsualizar" puedes ver cómo queda el *rich snippet* y la información adicional que mostrará en los resultados.

Alternativas al asistente del marcado de Google

Con WordPress, hay una alternativa para la que **no es necesario saber código** para introducir datos estructurados. Hay muchos *plugins* que realizan esta función fácilmente, como por ejemplo WP SEO Structured Data Schema, Markup o Rich Snippets WordPress Plugn. Gran parte de ellos incorporan celdas, que representan las etiquetas, y tan solo hay que poner los datos.

¿Qué es el Diseño Responsive y para qué sirve?

Se puede decir que las empresas buscan **promocionarse mediante una página web**, muchas de los cuales la diseñan con una interfaz agradable, de fácil utilización y útil en la búsqueda de contenidos e información.

Pero no sirve de mucho, si estas son leídas en un solo dispositivo. El diseño responsive es **muy importante** para ofrecer una web verdaderamente funcional.

¿Qué es el diseño responsive?

El diseño responsive es el que hace posible que una misma página en Internet pueda visualizarse correctamente, en los distintos dispositivos electrónicos. Los ordenadores, tablets, Smartphone, tienen características distintivas entre sí, como, por ejemplo, el sistema operativo, tamaño de la pantalla, etc.

Cuando intentamos acceder a una página sin diseño responsive, la navegación en la misma es problemática, ya que las letras e imágenes no se visualizan bien o no están **reducidas de tamaño**; si es que se visualizan. Lo que causa que el usuario salga de inmediato de ella.

Este hecho da un mensaje negativo de lo que ofrecemos. Quizás piensen que el producto que brindamos está desfasado. Además, Google ya toma el factor de móvil como principal factor de posicionamiento entre Smartphone y Desktop.

Por lo tanto, se hace imperativo ir a la par con la tecnología. **No debemos confundir el responsive, con la creación de páginas web especialmente diseñado para móviles**. El diseño responsive, es la misma página web, visualizado con el mismo aspecto en todos los dispositivos**.**

Cada vez un mayor número de usuarios acceden a la red desde móviles. Adaptar la página a cada uno de ellos lleva trabajo, ya que supone disponer de dos o más páginas webs y duplicar el mantenimiento de las mismas. Por lo tanto, el responsive, es práctico porque evita este problema innecesario.

¿Por qué la necesitamos diseño responsive en nuestra web?

- **El número de usuarios** que navegan desde dispositivos móviles **es cada vez mayor**.
- **Es necesario a fin de ganar terreno** frente a la multitud de páginas en Internet, que desean posicionamiento en los buscadores de la red. Google, Yahoo!, Bing, etc. (Es vital para la aplicación del SEO a tu web)
- **El usuario acudirá a nosotros.** Si la experiencia en navegación desde su móvil fue placentera hasta el punto que realizó compras mediante él, la posibilidad que ingrese nuevamente se duplican.
- **Ahorramos trabajo futuro**. El responsive hace posible que nuestra página web se vea bien en todos los dispositivos de hoy, pero también en los que posiblemente aparezcan en el futuro cercano. De modo que no tendremos que adaptar nuevamente nuestro portal para esta eventualidad. Nos ahorraremos mucho trabajo.

Qué es un dominio de internet

También se puede utilizar por el hecho de que es una fuente de entretenimiento, etcétera; sin embargo, a pesar de esto no muchos tienen el conocimiento de lo que es un dominio de Internet y su funcionamiento.

¿Qué es el dominio de una página web?

El concepto de **que es un dominio de Internet o un dominio de una página web** o, como también se le denomina, un **dominio virtual** es algo bastante simple y debería resultar fácil de entender para la gran mayoría de las personas. **Un dominio es el nombre que identifica tu web, se compone de dos partes principales, el nombre y la extensión.**

Solo puede haber una combinación de nombre + extensión igual, es decir, solo puede haber un nombrededominio.com, pero puede haber un nombrededominio.es, al cambiar la extensión, aunque mantenga el mismo nombre ya es diferente.

El diccionario SEO para dummies - Santos Muñoz Tebar
2022

Un tema importante es que el dominio no tiene nada que ver con la web o su alojamiento, son dos cosas que pueden ir por separado. Por ejemplo, puedes tener registrado un dominio sin web ni ningún contenido sin ningún problema, o usarlo solo para crear cuentas de correo.

También debe tenerse en cuenta que los dominios se contratan por períodos anuales, una vez pasado el año si no se renueva este quedaría libre y podría ser registrado de nuevo por cualquiera.

¿Cómo se puede registrar un dominio?

El proceso mediante el cual una persona debe pasar para obtener un dominio de internet es bastante simple, en un principio debe entrar en contacto con alguna entidad que tenga la capacidad legal de otorgar a la persona el dominio que está buscando obtener, esto puede hacer mediante internet y **existen muchas páginas que se dedican a ello**. Existen muchas **razones para comprar tu propio dominio**.

¿Qué organismo regula los nombres de dominio?

Dos son el número de **entidades** que en un principio tienen la labor de vigilar todos y cada uno de los dominios existentes en el internet, las direcciones IP de los mismos y los servidores DNS a través de los que funcionan, estas son las siguientes:

1. IANA
2. ICANN

IANA

El nombre con el cual se domina a esta organización es la **Internet Assigned Numbers Authority** (*De aquí provienen las siglas por las que se denomina en el resto del mundo*) este nombre se traduce al español como la Autoridad para la Asignación de Letras de Internet y es una de las principales encargadas de realizar la vigilancia de todos los dominios de internet que se han creado desde los principios del internet hasta el día de hoy.

ICANN

Esta entidad es denominada por el nombre de Corporación de Internet para la Asignación de Nombres y Números de Dominios, esta denominación proviene de su nombre en inglés que dice **Internet Corporation for Assigned Names and Numbers** del cual se originan las siglas por las que se conoce a nivel internacional.

Ambas, además de las tareas que se han mencionado antes, también son las encargadas de otorgar permiso a otros organismos o a otras empresas de convertirse en registradores legítimos de dominios de páginas, por tanto, si una empresa ofrece este servicio y no cuenta con una acreditación de estas entidades se debe rechazar de forma inmediata y si es posible acusarlo con las autoridades porque se estaría cometiendo un fraude, que es un delito grave.

El nombre

Es el nombre con el que los visitantes accederán a tu web, al registrar el dominio puedes elegir el nombre que desees siempre que esté disponible alguna de las extensiones.

Es una de las partes más importantes, por la cual los usuarios te van a conocer, por lo que es importante tener claro qué es lo que se quiere.

Si tienes dudas al respecto o el nombre que buscas ya está ocupado, puedes usar la herramienta de sugerencias que ofrece **DonDominio**.

La extensión

La extensión es la parte del dominio que viene después del nombre. Hay miles de extensiones diferentes, y cada vez saliendo más de nuevas.

Por ejemplo, en DonDominio, puedes buscar entre más de 700 extensiones. Están las genéricas como .com, .org, .net, .info… las territoriales como .es, .fr, .it, .cat, .de, .it… los nuevos dominios: .juegos, .futbol, .abogado, .gratis, .blog… Cómo podéis ver hay mucho donde elegir, aun así, la extensión más usada y conocida sigue siendo .com. Pero vamos a verlo con más detalle.

Tipos de dominio

La siguiente es una lista de los tipos de dominio de internet que cuentan con mayor importancia para la comunidad, en un principio se pueden destacar como más relevantes a dos tipos de dominio de internet, estos son los que se verán a continuación:

1. Dominios de primer nivel geográficos o ccTLD
2. Dominios de primer nivel genéricos o gTLD

Dominios de primer nivel geográficos o ccTLD

Los dominios de primer nivel geográficos o, como también se les denomina en inglés, Country Code Top Level Domain (nombre del cual se originan las siglas ccTLD que se utilizan para identificarlo en el resto del mundo) son una de las principales categorías en las que se dividen los dominios de internet, estos son los que identifican la nación de la que proviene una página web mediante el uso de dos letras, de ahí que en algunas ocasiones también se les denomine por el nombre de territoriales o geolocalizados.

Algunos de los ejemplos más comunes mediante los que se pueden visualizar los dominios de primer nivel geográfico es el caso de las páginas web proveniente de España, que se identifican mediante el uso de las letras ".es" en los enlaces a través de los cuales se acceden a ellas.

Dominios de primer nivel genéricos o gTLD

Los dominios de primer nivel genéricos o, como también se les denomina en inglés, Generic Top Level Domain (nombre del cual se originan las siglas con las que se les conoce y se les denomina en el resto del mundo gTLD) es una terminación de tres letras con las que el enlace obtiene una identificación, algunas de las terminaciones más conocidas por la gente son el ".edu", el ".net" y el ".org".

En un principio estas terminaciones de tres letras se utilizaban con el propósito de identificar cuál era el objetivo de la página web en cuestión, como por ejemplo de esto tenemos que el ".com" en sus inicios establecía una página web que estaba relacionada de forma intrínseca con lo que respecta al aspecto comercial, que el ".org" se utilizaba de forma única para referirse a páginas web que pertenecían a una organización y como estos hay muchos casos similares que hoy en día ya no se aplican de la misma forma que antes.

Configuración de un dominio

En el mismo proceso de registro tendrás que realizar las primeras configuraciones del dominio, entre ellas están los datos del titular y contactos administrativo, técnico y de facturación y las DNS o servicio de alojamiento.

Titular y contactos

El titular es el propietario del dominio, es la persona o empresa que tiene los derechos sobre el dominio, es importante decir que muchas veces el titular no es quién gestiona el dominio, puede pasar que el dominio esté gestionado por parte de un tercero, es aquí donde entran en función los contactos del dominio:

Administrativo: es para los datos de la persona/empresa que tiene la gestión del dominio.

Técnico: es para la persona/empresa que lleva la parte técnica del dominio, normalmente suele ser el mismo que el administrativo.

Facturación: en este caso es importante destacar que se trata solo de un dato informativo, que se usen unos datos en concreto en este apartado del dominio, no quiere decir que las facturas realizadas sobre el dominio tengan automáticamente esos datos.

DNS

Las DNS (*Domain Name System*) sirven para apuntar un dominio a un servicio de alojamiento, hacen referencia a la asignación de un nombre a una dirección IP, de tal modo que se simplifica el modo de acceder al alojamiento.

Las DNS se asignan al dominio al momento de registrarlo, por ejemplo en **DonDominio**, al registrar un dominio desde su sistema, tienes la opción de indicar tus propias DNS (para apuntar el dominio a un servicio de alojamiento externo) o directamente usar uno de los servicios de alojamiento de DonDominio, en tal caso se asignarían automáticamente las DNS de DonDominio al dominio.

Alojamiento web

El alojamiento web es donde se suben los datos que forman tu web y se guardan tus correos electrónicos, es necesario disponer de un alojamiento web para tener la web visible en todo momento y que las cuentas de correo propias puedan recibir/enviar emails a cualquier hora.

Hay muchos tipos de alojamiento web disponibles, dependerá de tus necesidades cuál es el más recomendable.

En DonDominio disponen de alojamiento web a precios muy económicos, por 25 €/año podrás tener tu propia web online. Pásate por su web para verlos.

¿Cómo saber de quién es un dominio?

El método a través del cual una persona tiene la capacidad de identificar la persona que tiene dominio sobre una página web en específico no debería representar muchos problemas para ninguna persona con ciertos conocimientos de internet y es el siguiente:

1. El primer paso para conocer si una persona tiene el dominio de una página web o no es dirigirse a la página web oficial de algún agente registrador que esté acreditado por la Autoridad para la Asignación de Letras de Internet (o por sus siglas IANA que es el nombre con el que más gente la conoce) o por la Corporación de Internet para la Asignación de Nombres y Números de Dominios (o como se le conoce de forma común, es decir sus siglas, la ICANN).

2. El siguiente paso es realizar una búsqueda con el nombre de la página web en cuestión, en el apartado que aparecerá posteriormente se debería poder visualizar el estado actual de la página web, si aparece una marca que indica que está disponible implica que no hay ninguna persona que tenga el dominio de la página web en cuestión si, por el contrario, la marca indica que no se encuentra disponible se continúa hasta el siguiente paso.

3. Después del paso anterior existen páginas en donde se muestra una sección que tiene el nombre de "Registrar con" y dentro de la misma se debería poder visualizar un botón en el que dice "Ver datos" en el caso de que este dominio de internet ya pertenezca a otra persona, se presiona en el mismo y se debería revelar la información de la página web como la dirección IP de la misma y el nombre de las personas que tienen el dominio sobre ella.

Otro método para saber si un dominio está disponible o no, es ir directamente a **who.is**.

Desde esta web, podemos ver de manera rápida quien es el titular de cualquier dominio registrado siempre que no tenga ocultar esta información. El Whois se puede ocultar de cara a los usuarios, pero hay que saber que no se puede ocultar de cara a Google.

¿Qué son las Entidades SEO y cómo usarlas?

Las entidades de Google son una pieza clave para lograr el **posicionamiento en buscadores.** De hecho, las SERP han ido evolucionando con el paso del tiempo, por tanto, se hace imperativo entender el **algoritmo de Google** con la finalidad de conseguir éxito en los resultados orgánicos.

Si cuentas con un sitio web, es vital que hagas contenido que pueda ser indexado por el gigante Google y de esta forma te posicione por encima de la competencia; de ahí parte su importancia.

Aunque este tema es algo complejo, me he propuesto explicarlo de forma fácil y sencilla, de tal manera que si te estás iniciando en el mundo de la internet y Google **puedas entender al completo el concepto de Entidad y su relación con el SEO.**

¿Qué son las Entidades de Google?

La entidad de Google no es un concepto nuevo, realmente desde el 2012 ha formado parte de su algoritmo y se ha fusionado con otras estrategias a fin de ofrecer una respuesta más concisa al usuario. Google definió el concepto de entidad de la siguiente manera: **"Una cosa o concepto que es singular, único, bien definido y distinguible".**

Es interesante la definición que el gigante explicó respecto a las entidades. Y, es que se trata de una unidad o **gráfico de conocimiento relacionada con un grupo de palabras claves**, en el que se puede desarrollar toda una cadena de información relacionada.

Esto significa que los enlaces o palabras claves ya no son tan vitales para el posicionamiento web, sino más bien, la identificación del contenido y la relación que este posee con otras cosas.

Por ejemplo, aunque en el motor de búsqueda coloquemos una palabra definida como el nombre de una persona; Michael Jackson, si la entidad o palabras lo relacionan con: El Rey del Pop, Thriller, Billie Jean, entonces al colocar "el rey del pop" Google nos dará un resultado inteligente de respuesta al presentar"Michael Jackson".

El diccionario SEO para dummies - Santos Muñoz Tebar
2022

¡Sí! **Es una especie de inteligencia artificial** que logra tener un entendimiento más claro de los contenidos. Esto permite que el usuario lector pueda encontrar las respuestas de forma más directa.

Este hecho deja atrás la necesidad de colocar palabras claves en un texto. En muchas ocasiones un artículo presentaba cientos de veces palabras claves, con el fin de ser posicionados en los resultados SERP, lo que era muy positivo a la hora de posicionar una palabra clave.

Sin embargo, este empuje del gigante busca entender la temática de una web considerando el contexto, el cual está almacenado en su base de datos. En otras palabras, **busca relacionar cosas**.

¿Cómo influye las entidades en el posicionamiento web?

Las entidades permiten que pueda darse un posicionamiento con base en el entendimiento de la web y no a una palabra clave. Esto se debe a la incorporación de inteligencia artificial mediante las entidades.

Por ejemplo, cuando se ingresa en el buscador "presidente de Estados Unidos", Google te presenta una imagen de Joe Biden ¿por qué? ¿Cómo sabe que nuestra intención de búsqueda es esa? Esto se debe a la entidad.

Es como si Google pensara y por consiguiente genera una respuesta al usuario (como si se tratara de una conversación). El mismo selecciona el contenido que considera ideal para esa intención de búsqueda.

La misma puede estar relacionada con personas, lugares o cosas. Esto evidencia que debes **cambiar la forma en como proyectas tu sitio web**.

Google piensa seguir tras este enfoque y de hecho es un libro abierto en este campo, pues ha señalado la formas en la que puedes buscar entidades en tu web, y ver si coincide con la intención de búsqueda. Desde luego, no revela la forma en como organiza esta información en su base de datos.

Entonces podemos concluir que **gracias a las entidades semánticas**, el motor de búsqueda puede "conocer" lo que el usuario está buscando, aunque su consulta no sea tan específica. Esto se debe a que ha registrado una gran cantidad de términos relacionados.

Por tanto, es necesario que **conozcas las entidades de tu propio sitio web**, de esta forma podrás brindar respuesta a los lectores y competir con los que se suponen; hacen lo mismo.

Como optimizar los contenidos

Una vez entendido cómo funciona el motor de búsqueda, entonces podrás crear contenido acorde a las exigencias tanto del usuario como de Google. Para ello puedes hacer lo siguiente.

- Al escribir el contenido, identifica la palabra clave central y colócalo como el tema o H1.
- Busca las entidades del H1 o título del contenido.
- Organiza las entidades e ignora las que no están relacionadas con tu contenido. Un aspecto de gran relevancia, es que no es preciso que la incorpores en los títulos o subtítulos del artículo.
- Las entendidas deben contar con coherencia, por tanto, no abuses de su uso ni la integres de manera forzada.

¿Cómo extraer entidades semánticas?

Extraer las entidades no es un secreto de estado. Realmente el mismo gigante ha puesto a disposición algunas herramientas de apoyo. En este sentido te viene bien **instalar un extractor de entidades para SEO**. Hay varias, pero la herramienta oficial de Google es esta https://cloud.google.com/natural-language/

Este tipo de herramientas funcionan de manera muy sencilla. De hecho, algunas herramientas se encargan de hacer un análisis de las SERP para saber las entidades que utilizan tus competidores. Se puede instalar en el navegador y lo puedes usar de la siguiente forma.

1. Coloca la palabra clave o consulta
2. Una vez que se hayan generado los resultados, activa el programa(ya instalado). En este punto se resaltarán los términos relacionados con el tema que estás buscando (entidades). Es importante destacar que solo aparecen los resultados orgánicos.
3. Puedes mirar algunos detalles como la importancia de cada entidad de tus competidores.
4. Acto seguido, puedes utilizar las mismas entidades de una forma coherente, al mismo tiempo que brindas un contenido de calidad.

Como desambiguar entidades

Supongamos que estás utilizando las mismas herramientas de Google para encontrar las entidades relacionadas con tu contenido. **¿Cómo puedes ayudar al gigante a entender la información?** Por ejemplo, la palabra Panda cuenta con varias palabras relacionadas, tales como Oso panda, Grupo de música, nombre de una canción, Software antivirus, etc. ¿Cuál es la entidad correcta?

Pues bien, esto encierra la importancia de conocer la forma de desambiguar las entidades o SEO, optimizar un contenido. Lo puedes hacer de la siguiente forma.

Datos estructurados

Esta es la Forma directa o explicita en la que puedes hacerlo. Para esto puedes apoyarte en Schema.org en el que se puede hacer varias etiquetas que describen el contenido. Para ello debes marcar la mayor cantidad de información que puedas y de este modo percibir los datos estructurados de la web. El gigante irá a esta fuente de información y podrá indexar de forma más sencilla tu web.

Gráfico de contenido

Esta forma es indirecta, sin embargo, también es muy útil. En este sentido debes ponerte en el lugar del usuario y pensar en la intención de búsqueda. Las keywords son excelentes aliados, aunque debes asociarlas a las entidades para dar un contenido de calidad que de respuesta al usuario.

Concurrencia

Con la finalidad de ayudar a los buscadores a entender nuestro contenido, es necesario utilizar algunos términos relacionados. Por ejemplo, al hablar de cámara, hay palabras que concurren con ella como resolución, pulgadas, etc. De modo que si hay frecuencia y proximidad entre un término y otro en varios contenidos, Google lo entiende y puede ofrecerlo como la respuesta a una intención de búsqueda.

Enlaces temáticos

Este no es el punto principal del algoritmo de Google, no obstante es muy útil para hacerle ver de qué va tu web. Si en un texto citas a otro, el buscador entiende que tu web está relacionada con la que acabas de enlazar.

Conclusión

Aunque las entidades de Google lleva algunos años formando parte de su algoritmo, algunos "expertos SEO" se resisten al cambio y continúan aplicando algunas estrategias desfasadas. Pero Internet evoluciona, y tienes que ir evolucionando con él para que no te quedes atrás.

¿Qué es la etiqueta Canonical?

Los **motores de búsqueda** constantemente están implementando métodos cada vez más eficientes, para **contrarrestar el contenido duplicado** en la red.

El año 2009 fue testigo de la implementación, por parte de los principales buscadores (Google, Yahoo y Bing), una herramienta que resuelve los contenidos duplicados, a saber, la etiqueta Canonical.

¿Qué es la etiqueta Canonical?

La etiqueta Canonical o "Canonical Tag" es un **elemento que es insertado al enlace de una URL**, con el propósito de señalar a los buscadores el contenido principal o de origen que deseamos posicionar y los duplicados.

La implementación de este recurso **permite optimizar la indexación** de sitio web.

La implementación de esta herramienta es muy útil cuando dentro de un mismo portal, tenemos a disposición de **varias páginas de contenido muy parecido**. Antes de su creación, existía un constante problema cuando los dueños de los portales deseaban destacar la página principal.

Ahora, con la etiqueta canonical **se logra posicionar adecuadamente** una web para aumentar su tráfico de visitas, en conjunto con una buena estructuración de contenidos.

Ejemplos de etiqueta Canonical

Mediante una sencilla inserción, el programador deja ver a los motores de búsqueda el contenido original. Según se puede apreciar en el siguiente ejemplo:

```
<link rel="canonical" href=http
://www.tupaginaweb.com/home.html/>
```

El término <link/> engloba el enlace canónico y posiciona el elemento <head/> del código fuente. Es utilizado únicamente cuando los contenidos son iguales al de la página de origen. Existen etiquetas canonical entre dominios, etiquetas canonical para archivos.

- **Etiqueta Canonical dominios.** Al replicar contenidos en distintos blogs pertenecientes a dominios diferentes, aplicaremos la etiqueta canonical para **evitar fallos de duplicidad.**
- **Etiqueta Canonical archivos.** Aplicable para los casos donde se desea presentar un mismo archivo por medio de **diferentes enlaces**. Se puede aplicar la etiqueta canonical para especificar al motor de búsqueda el enlace original. En estos casos son muy comunes los archivos PDF.

¿Qué es el footer de una página web?

A la hora de diseñar una página web, el footer o pie de página es uno de los elementos que más se descuidan. En este artículo te explicaré **qué es el footer y qué poner en él footer de tu web**.

¿Qué es el footer de una página?

El footer de un sitio web, la parte inferior de la misma. A pesar de que por su ubicación podrías pensar que el footer no tiene importancia, esto no es así, debes aprovecharlo como cualquier otra parte de la estructura web. Para resaltar el footer lo más adecuado es darle un color distinto al de la web.

El diccionario SEO para dummies - Santos Muñoz Tebar
2022

Qué poner en el footer

Son muchos los datos que puedes incluir en un footer, pero estos datos variarán **en función del tipo de web que poseas**. Vamos a centrarnos en 3 tipos de webs.

Blogs

Si tienes un blog personal, el pie de página es el lugar idóneo para **añadir los botones para seguirte en las redes sociales** o para que la gente se suscriba a tu blog, ya sea mediante la **inclusión de un botón RSS** o bien mediante un campo donde puedan rellenar su correo electrónico. **Si quieres crear tu blog, mira este artículo**.

Páginas de empresa

En el caso de una **página web de empresa**, debes aprovechar el footer para fomentar que los clientes contacten con tu marca. **Incluye un formulario de contacto simple**, no más de tres o cuatro campos.Además del formulario, es bueno que incluyas enlaces a todas las páginas de interés sobre tu empresa para que el posible cliente pueda conocerla mejor.

Tiendas Online

Por último, si eres el propietario de una tienda online, aprovecha el footer para incluir un **formulario de suscripción a tu newsletter**. También es conveniente que incluyas enlaces como **la política de envíos y devoluciones**, la **política de privacidad y un apartado de preguntas frecuentes.**

¿Qué debe ir incluido en el footer?

Lo mejor es que incluyas lo necesario y no abuses de él. En SEO, el Footer es la parte con menor relevancia para poner enlaces y debes tener en cuenta que será contenido duplicado para todas las páginas.

Incluye lo que sea imprescindible y no abuses de enlaces internos ni externos. Juega con la etiqueta nofollow si es necesario para no confundir a Google.

Espero que mi artículo sobre **qué poner en el footer** te haya servido de ayuda.

¿Qué es Google AdSense y cómo funciona?

Desde 2003, Google AdSense ha ayudado a los creadores de sitios web a ganar dinero con su contenido sin tener que tratar directamente con los anunciantes. No importa el nicho en el que se encuentre, casi cualquiera puede formar parte de la red de AdSense y empezar a ganar dinero inmediatamente.

Ganar dinero con un sitio web puede ser particularmente difícil, especialmente cuando no estás vendiendo nada. Pero si buscas ganar dinero con tu sitio web o blog sin vender un producto o servicio, entonces hay una manera, y se llama Google AdSense.

Si acaba de crear un nuevo blog o ya tiene un sitio web existente que desea monetizar, **Google AdSense podría ser la respuesta**. Con millones de anunciantes buscando anunciar sus productos y servicios, hay una buena posibilidad de que alguien quiera poner anuncios en su sitio, y más importante aún, ¡pagarte dinero por ello!

Para ponerte al día **sobre qué es Google AdSense y cómo funciona todo**, primero tenemos que explorar su funcionamiento interno y cómo llegó a ser lo que es actualmente.

Así que, para todos los principiantes que se preguntan qué es Google AdSense, esto es lo que necesitas saber.

¿Qué es Google AdSense?

Como mencioné brevemente antes, AdSense es la creación de Google que ayuda a los anunciantes a encontrar los editores y propietarios de sitios web adecuados para sus anuncios. Dicho esto, AdSense es muy similar a AdWords, ya que ambos trabajan juntos para emparejar a los anunciantes con los editores.

Si alguna vez ha **realizado una campaña de AdWords,** notarás que tienes la opción de utilizar la red de socios de búsqueda o visualización. Cuando AdWords apareció por primera vez, los anunciantes solo podían dirigir las palabras clave en el sitio web de Google, limitándolas al número de personas a las que podían llegar.

Sin embargo, 3 años después de lanzar AdWords, **Google tuvo una idea ingeniosa**: dejar que los webmasters mostraran anuncios en sus sitios y dividir los ingresos por publicidad. ¡Y eso es precisamente lo que hicieron!

Hoy en día, casi cualquier sitio web puede solicitar a Google que se convierta en un socio de AdSense. Si el sitio web cumple con los criterios específicos, entonces serán aceptados en la red, y se les permitirá mostrar anuncios en nombre de Google.

Cada vez que un usuario hace clic en uno de estos anuncios, **el propietario del sitio web recibirá el 68% de los ingresos del anuncio** por ese clic.

Si la oferta promedio por una palabra clave es de 1 euro, entonces son 68 céntimos para el webmaster, ¡no está mal para no hacer nada!

¿Cómo usar Google AdSense para ganar dinero?

Como ya te habrás dado cuenta, **AdSense puede ayudar a los webmasters a ganar mucho dinero** de sus visitantes si se usa correctamente. La pregunta importante es...

¿Cómo puedes usar AdSense para ganar dinero en tu propio sitio?

Bueno, lo primero que tienes que hacer es **solicitar ser socio de AdSense aquí**. Una vez que hayas enviado la solicitud, tardará unos días en ser revisada. Como te puedes imaginar, Google recibe miles de solicitudes al día. Si tu sitio web cumple con ciertas pautas, tráfico y métricas de calidad, entonces la cuenta será aprobada.

Una vez aprobada, podrás empezar a mostrar anuncios en tu sitio web. Para instalar los anuncios, simplemente, copia el código del panel de control de AdSense en una página específica.

Lo ideal es que apuntes a unos dos anuncios por página, ya que menos de dos no serán efectivos y los demás parecerán demasiado spam. Lo último que quieres es asustar a todos tus usuarios con páginas llenas de anuncios.

Ganancias de Google AdSense

Ahora que tienes la configuración de tu cuenta de AdSense y tus anuncios instalados, ¿Cuánto puedes esperar **ganar con Google AdSense**? Bueno, la mala noticia es que es difícil de calcular.

Esto se debe principalmente a que hay muchos factores diferentes que contribuyen a sus ganancias mensuales que varían drásticamente de un sitio web a otro. Sin embargo, esto no nos impedirá (y probablemente a ti) intentar hacer una estimación de todas formas.

El primer y más importante factor es a qué industria se dirige tu sitio web.

Gracias al algoritmo de Google, tu sitio web solo mostrará anuncios relacionados con tu sitio web. Por lo tanto, si su sitio es un blog sobre salud y acondicionamiento físico, entonces es probable que los anuncios estén relacionados con palabras clave de salud.

Las palabras clave y los anuncios que se muestren dependerán de cómo Google vea tu sitio web, así que no es una ciencia exacta.

Una vez que sepas qué industria y qué tipo de anuncios se mostrarán en tu sitio, puedes comenzar a calcular cuánto costará un clic promedio.

Para ello, puede utilizar UberSuggest para tener una idea aproximada del coste por clic de una palabra clave específica. Sin embargo, es importante tener en cuenta que en la red de visualización de Google los anunciantes suelen pagar mucho menos por clic en comparación con la red de búsqueda.

Esto significa que una palabra clave de búsqueda con un coste medio por clic de 30 dólares podría costar solo 3 dólares o menos por clic en la red de display.

Otra forma de comprobar el coste estimado por clic de los anuncios de tu sitio es crear tu mismo una campaña de publicidad falsa. Por supuesto, no tienes que gastar dinero en esta campaña, pero tendrás acceso a las cifras del coste por clic estimado de Google, que pueden ser muy útiles.

Para obtener estas estimaciones, diríjase a AdWords o Google Ads y crea una nueva campaña de solo visualización.

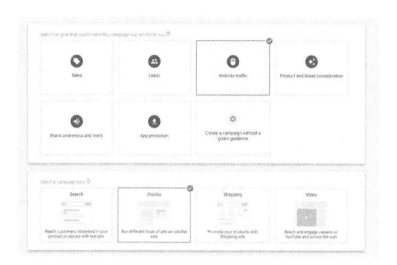

Escribe la URL de su sitio web y Google generará una lista de palabras clave que cree que son adecuadas para su sitio web.

Una vez que añadas las palabras clave a la campaña, notarás que el promedio de coste estimado por clic en el lado derecho se actualizará.

Estos datos deberían darte una muy buena indicación de cuánto está pagando la gente por cada clic para publicar anuncios en tu sitio.

Ahora tienes una idea muy aproximada del coste medio por clic de los anuncios que se mostrarán en tu sitio web; puedes calcular tu parte calculando el 68%. Como hemos visto antes, esta es la comisión estándar por los clics de AdSense.

Lo único que queda por calcular ahora es cuántos visitantes recibirá su sitio web y cuántos clics recibirán sus anuncios. Estos factores se basan en dos puntos principales: qué tan bueno es su SEO y dónde coloca sus anuncios.

A menos que su sitio web dependa 100% del tráfico social, entonces probablemente recibirá la mayor parte de sus visitantes de los motores de búsqueda como Google u otros. Saber cuántos visitantes recibes ayudará significativamente a estimar tus ganancias mensuales de AdSense.

Cuantos más visitantes recibas, más probable es que la gente haga clic en tus anuncios, lo que te hará ganar más dinero.

La última pieza del rompecabezas es calcular tu promedio de clic, y entonces tendrás todos los números necesarios para calcular cuánto podrías ganar. Como base, la mayoría de los sitios web reciben un 0,05% – 5% de clic, siendo el promedio de 0,1%.

Usando estas métricas, podemos calcular una estimación aproximada de cuánto podría ganar un webmaster usando AdSense.

Para nuestro ejemplo supongamos que:

- Apuntando al nicho de PPC
- El coste promedio por clic de una palabra clave PPC en la pantalla de Google es de 0.24 € – 0.56 €

- Tu sitio web recibe 30.000 visitantes al mes
- Tienes una tasa promedio de clics del 1%...

Ahora tenemos toda la información; es hora de calcular cada paso para obtener una ganancia mensual estimada.

- Calcula cuánto recibes por cada clic: ((0.24 + 0.56) / 2) * 0.68 = 0.27 €
- Calcula cuántos de tus visitantes hacen clic en sus anuncios: 30,000 * 0.01 = 300
- Calcula tus ganancias mensuales totales estimadas: 300 * 0.27 = 81 €

Puede que no parezca mucho para 30.000 visitantes, pero he optado por una tasa de clics conservadora. Con múltiples anuncios y un correcto posicionamiento, un buen webmaster podría fácilmente aumentar su CTR al 3% o más, lo que resultaría en ganancias mensuales mucho más altas.

¿Cómo paga AdSense a los editores?

Una vez que hayas ganado tu primer euro de Google AdSense, probablemente te preguntes cómo recibes el dinero para poder gastarlo.

¿Google envía el dinero en un sobre, o te envían un vale en su lugar?

Bueno, hay buenas y malas noticias.

La buena noticia es que no envían ninguno de los dos. En su lugar, Google ofrece algunos métodos de pago a los editores para asegurarse de que reciben su bien ganado dinero a tiempo.

El primer y más popular método de pago, con diferencia, es la posibilidad de recibir sus ganancias a través de un cheque. Este método de pago es gratuito y está disponible para casi todos los países internacionales.

Otra forma muy popular de recibir pagos de AdSense es a través de tu cuenta bancaria. Con las tarifas tan altas, está claro por qué la mayoría de los usuarios de AdSense optan por el cheque.

La mala noticia, sin embargo, es que Google exige un umbral mínimo de 75 € antes de enviarte el dinero. Para blogs y sitios web más pequeños, esto puede significar esperar varios meses antes de acumular suficiente dinero para cobrar.

El lado oscuro de Google AdSense

Para muchos propietarios de sitios web, AdSense puede ser una excelente fuente de ingresos para tu sitio web. Tanto es así que muchos webmasters confían en AdSense para pagar sus facturas.

Y, con clics que generan entre 10 céntimos y 1 euro por clic, no es raro que los webmasters usen trucos sucios para aumentar sus ingresos.

Estos trucos suelen ser siempre contrarios a los términos y condiciones de Google, pero con tanto dinero que se puede ganar con AdSense, muchos webmasters se arriesgarán.

Una táctica común que muchos webmasters emplean es hacer clic a propósito en sus propios anuncios. Conocido como fraude por clic, este tipo de fraude le cuesta a los anunciantes miles de millones de dólares al año en gastos de publicidad perdidos.

El webmaster que hace clic en sus propios anuncios obviamente no tiene intención de comprar o adquirir ese producto. En lugar de ello, solo quiere ganar más dinero.

Este es un ejemplo a pequeña escala de fraude por clic, pero como te puedes imaginar, muchos grupos de fraude organizados han escalado sus actividades fraudulentas para generar millones al año. Desde empresas como Hyphbot y Methbot hasta granjas de clics, hay mucha gente que se aprovecha de los anuncios de la red de pantallas.

Si quieres ganar dinero con Google AdSense, entonces la mejor manera es hacerlo legítimamente. Hacer clic en tus propios anuncios o pagar a otras personas para que lo hagan puede parecer una buena idea, pero a menudo puede terminar en tu cuenta bloqueada.

No solo perderás todo tu dinero, sino que también podrías enfrentarte a acciones legales por parte de Google y otros anunciantes.

Mi consejo es: no intentes engañar al sistema. Mucha gente lo ha intentado (y ha fracasado) en el pasado. Si realmente quieres ganar dinero con la gestión de un sitio web, entonces **AdSense es una gran manera de hacerlo**.

Ahora que entiendes lo que es AdSense, comprueba las diferencias entre los anuncios de Google y AdSense.

¿Qué es Google AMP (páginas móviles aceleradas)?

AMP, o Accelerated Mobile Pages, es un framework de código abierto creado por Google que crea páginas que se cargan muy rápidamente en dispositivos móviles.

El objetivo de **AMP** es facilitar a los webmaster que sus sitios web sean extremadamente rápidos en dispositivos móviles. Este es un dato importante, ya que la velocidad es un componente crítico de la experiencia del usuario respecto a su sitio web.

Qué es AMP y por qué beneficia al SEO

Aunque nadie discutirá que mejorar la velocidad de su sitio web es bueno, mejorar el tiempo de carga es a menudo una tarea enorme que requiere un gran equipo de desarrollo con habilidades especializadas en PHP, HTML, CSS, etc...

Este es el problema que Google AMP está tratando de resolver mediante esta tecnología y se aprovecha un framework que la mayoría de los desarrolladores deberían ser capaces de implementar.

Cualquier sitio puede implementar páginas **Accelerated Mobile Pages**, pero son más beneficiosas para los sitios basados en contenido. Dado que no se permite JavaScript de terceros en el entorno AMP, la interactividad es muy limitada y las páginas móviles aceleradas de Google son las más adecuadas para leer contenido.

Aunque no se permite JavaScript de terceros, **Google ha trabajado con varias empresas de publicidad y analítica para dar soporte a muchas de las configuraciones más comunes**.

¿Cómo funciona Google Accelerated Mobile Pages?

Cuando se encuentra en el dispositivo móvil y hay una URL AMP equivalente para un resultado de búsqueda determinado, Google intercambia la URL "normal" (incluso si es compatible con el móvil) por la

URL AMP. Se pueden identificar fácilmente estas URLs de Google **Accelerated Mobile Pages** por el logotipo del rayo seguido de "AMP" asociado con un resultado de búsqueda en su dispositivo móvil.

Desde una perspectiva más técnica, hay tres componentes en las páginas móviles aceleradas de Google: AMP HTML, AMP JS y el caché/CDN de AMP. Todos estos elementos trabajan juntos para crear una experiencia delgada y rápida para el usuario.

1. HTML AMP HTML

AMP HTML es un subconjunto restringido de html que contiene algunas propiedades y etiquetas únicas. Para obtener un resultado Accelerated Mobile Pages de Google, solo debes utilizar el HTML AMP de Google y cumplir con los siguientes requisitos HTML AMP:

1. *Comience con la etiqueta <! doctype html> tag*
2. *Contener un nivel superior <html?> o <html amp> tag*
3. *Contenga las etiquetas <head> y <body> tags*
4. *Utilice la etiqueta <meta charset= "utf-8?> como el primer hijo de su <head> tag*
5. *Llama a AMP JS a través de la etiqueta <script async src= "https://cdn.ampproject.org/v0.js" ></script> tag como el segundo hijo de su propia etiqueta <head> tag*
6. *Contiene una etiqueta canónica que apunta a la URL equivalente del escritorio en la etiqueta <head> tag*

7. *Contiene un <meta name= "viewport" content= "width=device-width, minimum scale=1?> tag dentro de su <head> tag. Google recomienda incluir la escala inicial=1*

2. AMP JAVASCRIPT

De igual forma, Google tiene su propio marco de trabajo en JavaScript optimizado específicamente para la experiencia de usuario móvil. La mayor ventaja de la librería AMP JS es que está optimizada para el manejo de recursos y la carga asincrónica. Esto hace que todo lo que proviene de recursos externos se carga simultáneamente, impidiendo que nada en la página bloquee el renderizado.

Este es también uno de los aspectos negativos más importantes de Google AMP: AMP JS es el único JavaScript permitido en AMP (No hay JavaScript de terceros permitidos en Google Accelerated Mobile Pages). Por ello, puedes perder funcionalidad en tu sitio si tiene componentes que dependen en gran medida de JavaScript.

Para tiendas online, hay una posibilidad alta de que se pueda perder optimización de la web y ello nos conlleve a la perdida de conversiones en la misma, por lo que debes andar con sumo cuidado a la hora de implementar AMP en tu tienda online.

Debes evaluar la funcionalidad que necesitas en tus páginas para que tu negocio tenga éxito y determinar si es capaz de trabajar la funcionalidad dentro del marco AMP JavaScript.

3. CACHÉ AMP / CDN

El tercer componente de Google Accelerated Mobile Pages es el Caché AMP / CDN. Google guardará en caché sus páginas HTML AMP en su servidor. Las páginas almacenadas en caché en los servidores de Google son en realidad lo que se muestra a los usuarios en lugar de su propia URL.

Ventajas de Google Accelerated Mobile Pages

1. AMP hará que su sitio móvil sea realmente rápido
2. La implementación de AMP normalmente requiere menos recursos de desarrollo de los que normalmente se necesitan para hacer mejoras significativas en la velocidad de la página en su sitio

Google ofrece otros beneficios con AMP, como las integraciones de plataformas publicitarias y la integración de analíticas web.

¿Mejora Google AMP su posicionamiento en buscadores?

Google ha dicho explícitamente que Accelerated Mobile Pages no tiene ningún impacto en su ranking de SEO.

La mayoría de las personas solo ven un beneficio para el tráfico de SEO si están dentro de las noticias, **ya que pueden ser incluidos en el carrusel de Google AMP en la parte superior de los resultados de búsqueda**, algo que sin duda nos dará visibilidad.

Esta es la única manera de obtener un valor SEO positivo de Google Accelerated Mobile Pages, y solo se ofrece a dos tipos de sitios. En general, no hay beneficio respecto a SEO con Google AMP pero si un extra en resultados.

¿Debería usar AMP o Accelerated Mobile Pages?

Si tienes una web de noticias, entonces sí, ¡debes hacer AMP desde ya! En el resto de webs, viendo que no afecta positivamente, pero tampoco negativamente al SEO, pero si ayuda a la experiencia de usuario, es aconsejable ponerlo siempre y cuando no necesites unos recursos excesivos para implementarlo.

Por otra parte, **es muy probable que en un futuro el Accelerated Mobile Pages si sea un factor SEO a tener en cuenta,** por lo que adelantarse a la competencia, puede ser determinante en un futuro cercano, cuando el proyecto Accelerated Mobile Pages evolucione.

Google BERT: Nueva actualización de Google

Google anunció lo que ellos llamaron la actualización más importante en cinco años. La actualización del BERT afecta al 10% de las consultas de búsqueda. ¿Qué es BERT y cómo afectará al SEO? **BERT son las siglas de Bidirectional Encoder Representations from Transformers.**

Google está haciendo el mayor cambio en su sistema de búsqueda desde que la compañía introdujo RankBrain, hace casi cinco años. La compañía dijo que esto afectará a 1 de cada 10 consultas en términos de cambiar los resultados que se clasifican para esas consultas.

BERT es una importante actualización de Google

BERT es la técnica basada en la red neuronal de Google para la formación previa al procesamiento del lenguaje natural (PNL).

Según Google, esta actualización afectará a las consultas de búsqueda complicadas que dependen del contexto.

Esto es lo que dijo Google:

"Estas mejoras están orientadas a mejorar la comprensión del lenguaje, particularmente para las consultas de lenguaje más natural/conversacional, ya que el BERT es capaz de ayudar a la Búsqueda a comprender mejor los matices y el contexto de las palabras en las Búsquedas y a hacer coincidir mejor esas consultas con resultados útiles.

Particularmente para consultas más largas o long tail, más conversacionales, o búsquedas donde las preposiciones como "for" y "to" importan mucho al significado, Google será capaz de entender el contexto de las palabras en su consulta. Puedes buscar de una manera que te "parezca natural".

¿Qué es el algoritmo BERT y cómo funciona?

El experto en algoritmos de búsqueda de patentes Bill Slawski describió al algoritmo Bert así:

"Bert es un enfoque de pre-entrenamiento de procesamiento de lenguaje natural que puede ser utilizado en un gran texto. Maneja tareas como el reconocimiento de entidades, parte del etiquetado de voz, y preguntas-respuestas, entre otros procesos de lenguaje natural. Bert ayuda a Google a entender el texto en lenguaje natural de la Web. Google ha abierto esta tecnología, y otros han creado variaciones de BERT".

El algoritmo BERT (Bidirectional Encoder Representations from Transformers) es un algoritmo de aprendizaje profundo relacionado con el procesamiento del lenguaje natural. Ayuda a una máquina a entender lo que significan las palabras de una frase, pero con todos los matices del contexto.

BERT mejora la comprensión de las consultas de búsqueda

La actualización BERT de Google mejora la forma en que Google entiende las consultas de búsqueda. El BERT analiza las consultas de búsqueda, no las páginas web. Ahora el SEO se vuelve más importante en términos de uso de palabras en formas precisas. Es posible que la actualización de Google BERT no ayude al contenido poco cuidado.

Ya está desplegado: BERT comenzó a funcionar esta semana y estará disponible en breve. Se está desarrollando para consultas en inglés ahora y se ampliará a otros idiomas en el futuro.

Ojo a los fragmentos destacados: Esto también afectará a los fragmentos destacados. Google dijo que BERT se está utilizando globalmente, en todos los idiomas, en fragmentos destacados.

¿Cuándo utiliza Google a BERT?

Google dijo que BERT ayuda a comprender mejor los matices y el contexto de las palabras en las búsquedas y a hacer coincidir mejor esas consultas con resultados más relevantes. También se utiliza para fragmentos destacados, como se describió anteriormente.

RankBrain no está muerto

RankBrain fue el primer método de inteligencia artificial de Google para entender consultas en 2015. Examina tanto las consultas como el contenido de las páginas web del índice de Google para comprender mejor el significado de las palabras.

BERT no reemplaza a RankBrain, es un método adicional para entender el contenido y las consultas. Es un aditivo para el sistema de clasificación de Google. RankBrain puede y seguirá siendo utilizado para algunas consultas.

Pero cuando Google piense que una consulta puede entenderse mejor con la ayuda de BERT, la utilizará. De hecho, una sola consulta puede utilizar múltiples métodos, incluyendo BERT, para entender la consulta.

¿Cómo es eso?

Google explicó que hay muchas maneras en las que puede entender lo que significa el idioma de la consulta y cómo se relaciona con el contenido de la web. Por ejemplo, si escribes mal algo, los sistemas ortográficos de Google pueden ayudarte a encontrar la palabra correcta para conseguir lo que necesitas.

Y / o si utiliza una palabra que es sinónimo de la palabra real que está en los documentos pertinentes, Google puede coincidir con ellos.

BERT es otra señal que Google utiliza para entender el lenguaje. Dependiendo de lo que busques, cualquiera de estas señales o una combinación de ellas podría ser más utilizada para entender su consulta y proporcionar un resultado relevante.

¿Se puede optimizar para BERT?

Es poco probable, de momento. Google nos ha dicho que los SEOS no podemos realmente optimizar para RankBrain. Pero sí significa que Google está mejorando en la comprensión del lenguaje natural.

Solo tienes que escribir contenido para los usuarios, como siempre haces. Se trata de los esfuerzos de Google para comprender mejor la consulta del buscador y hacerla coincidir mejor con los resultados más relevantes.

Por qué nos importa. Nos importa, no solo porque Google dijo que este cambio "representa el mayor salto hacia adelante en los últimos cinco años, y uno de los mayores saltos hacia adelante en la historia de la búsqueda".

También nos interesa porque el 10% de todas las consultas se han visto afectadas por esta actualización. Eso es un gran cambio. Se han visto informes no confirmados de actualizaciones de algoritmos a mediados de la semana y a principios de esta semana, que pueden estar relacionados con este cambio.

¿Qué es Google Penguin?

El buscador más popular de Internet, Google, ha implementado varios algoritmos con el principal objetivo de garantizar al público, una buena experiencia en la búsqueda de información que sea clara, precisa y confiable.

Estos algoritmos **controlan el posicionamiento de los portales,** con base en consultas realizadas. Cada algoritmo en ejecución se encarga de una tarea específica que en conjunto conforman un standard. Uno de estos algoritmos es Google Penguin. Pero ¿Qué es y para qué sirve El algoritmo Penguin?

¿Qué es el Google Penguin?

Google Penguin es un algoritmo que se encarga de **gestionar los resultados de las consultas realizadas,** con relación al ranking de posiciones de las páginas web.

El algoritmo **analiza los patrones** de cada enlace creado para determinar cuál debe ser la ubicación que le corresponde en el ranking y su puesta en vista en las SERP.

¿Para qué sirve Google Penguin?

Su principal objetivo consiste en **eliminar el Spam** de internet y el posicionamiento falso, para que el usuario disfrute de resultados bien definidos en consecuencia a sus consultas. Se espera que estos resultados otorguen **portales de calidad y de relevancia** para las personas que hacen uso de Google.

El algoritmo influye tanto por interna como externamente del índice de Google. Por ejemplo, será considerado como contenido indeseable:

- **On Page:** El Cloaking, Keyword Stuffing, el Doorway Pages y publicación excesiva de contenido duplicado.
- **Offf Page**: Enlaces comprados o de mala calidad para los resultados de Google, comentarios masivos, creación de perfiles masivos en

foros, vínculos Guestbooks sin control, envío masivo de los enlaces a sitios de baja calidad y creación masiva de sitios 2.0, incluidas las PBN de mala calidad.

¿Cómo saber si se está penalizado y cómo salir del veto de Google penguin?

Al percibir una caída en el posicionamiento de tu página web justo después de haberse aplicado una nueva actualización de Google Penguin, cabe la posibilidad de haber sido penalizado.

Para certificar que realmente es así, podemos hacernos de herramientas gratuitas que analizan los enlaces y muestran gráficamente la caída.

Para lograr salir de la penalización y recuperar el posicionamiento es un proceso que suele tardar. Sin embargo, se deben aplicar las siguientes recomendaciones:

- Quitar el Spam.

- Deshacerte de todos los enlaces posibles.
- Conseguir enlaces de calidad.
- Construir una lista de enlaces entrantes y clasificar los que pueden estar dando problemas.
- Enviar los links que no eliminados a desautorización de vínculos con el Disavow de Google.

Nota: Funciona muy bien pedir a los webmaster de las webs donde tienes enlaces dudosos pedir que te los eliminen, sobre todo si son comprados.

¿Cómo puedo saber cuando Penguin está afectando a mi sitio?

Dado que la actualización de un algoritmo de Penguin puede tardar un par de días en aparecer en la primera página de Google, merece la pena comprobar el contenido y el sitio con regularidad para ver si hay una actualización de Penguin en proceso.

Growth Hacking ¿Qué es y para qué sirve?

Cuando iniciamos un negocio en Internet, **deseamos el mayor número de suscriptores**. Esta es una excelente meta, pero lo más importante, es que estos "seguidores" realmente sean fieles. Eso garantiza el éxito de nuestra página web en la red. ¿Cómo lo conseguimos? **El Growth Hacking nos puede ayudar**.

¿Qué es el Growth Hacking y como se logra?

Es una estrategia de marketing que se ajustan con algunos procesos de programación, aplicando análisis, e inventiva, a fin de **producir un mayor número de usuarios, e ingresos con la menor cantidad de esfuerzos y gastos posibles**.

Es interesante destacar, que el **Growth Hacking parte de la necesidad de contraer el menor uso de gasto económico.** Se hace indispensable el uso de la creatividad e inventiva al mismo tiempo de análisis constante, a fin de percibir si las estrategias empleadas están funcionando. **Para lograrlo se requiere estudio constante y distintos ensayos, con el objetivo de mejorar nuestras acciones.**

Las startups (nuevas empresas) son las que mejor se valen del Growth Hacking. Para ello cuentan con un grupo de profesionales que se idearán la forma de aplicar una serie de técnicas de bajo costo, para dar posicionamiento a la página web.

Aspectos destacados de un Growth hacker

Los Growth Hacker son los "profesionales" que aplicaran las técnicas del Growth Hacking, las cuales tienen como objetivo, incrementar la mayor cantidad de consumidores de un producto, portal, etc. Evidentemente, son personas con amplios conocimientos en programación, además de una de capacidad de percepción, análisis, o capaces de meterse hasta la "cocina" si hace falta.

- **Inventiva:** No debe quedarse anclado en una estrategia, debe innovar, hacer algo distinto.
- **Humilde:** Reconocer cuando una técnica empleada no tiene éxito.
- **Empatía:** Pensar como un consumidor (usuario) Procurar que lo que ofrece sea de utilidad para el cliente. Para ello se requiere tener una conexión empática con el usuario.
- **Analítico:** Analizar mediante números y estadísticas si las expectativas van de la mano con los resultados. Realización de distintos ensayos.
- **Amplia visión del mercado:** Debe conocer la competencia, y percibir qué pasos debe dar, a fin de lograr el amplio crecimiento de su proyecto.

Técnicas usadas en el Growth Hacking

Muchas de estas técnicas empleadas son comunes en la era digital, quizás nos hemos beneficiado de alguna de ellas, es curioso saber que fuiste atraído por la aplicación del Growth Hacking. A continuación, vamos a ver algunas ideas o técnicas del Growth Hacking que se usan a diario.

Freemium

Free es gratis? Consiste en **ofrecer una versión sin coste** de lo que ofrecemos por un limitado tiempo. Una vez que el usuario ha hecho uso de él, se le cobrará por el uso del mismo si desea utilizarlo permanentemente o acceder algunas opciones. Se requiere que el producto sea de calidad.

Gamificación

Es una estrategia eficaz del Growth Hacking para **mantener el interés del usuario en nuestra página web mediante el diseño de juegos.** De esta forma se logra plena interacción con el usuario.

Por ejemplo, empresas destacadas han aplicado recompensas por visitar constantemente una página web, **posicionando al usuario en un ranking como el mejor, señalando títulos, puntuación, logros, etc.** De esta forma fomenta la fidelidad y competencia de los mismos.

Member get member

Tiene como finalidad de que los mismos usuarios hagan promoción a la marca, por lo tanto, sean promotores y aumenten el número de suscriptores. Empresas como Gmail, Dropbox, las han utilizado con pleno éxito.

Para ello es preciso incentivar mediante premios a los promotores. Algunas de los cuales pueden ser rebajas en los productos, servicios especiales, entre muchos otros. En este caso, la inventiva de los Growth hacker es vital.

Este método es uno de los más usados, debido a lo **fácil y sencillo que es atraer a un mayor número de usuarios, además del bajo costo que repercute en la empresa.** También ayuda a fidelizar a los clientes existentes de la misma.

¿Quieres saber más del Growth Hacking?

Si te interesa y quieres aprender más, aquí te dejo una entrevista a Marc Cruells, uno de mis referentes para el SEO y en especial por su uso del Growth Hacking para conseguirlo.

¿Qué es el guest posting?

El Guest Posting o Guest Blogging es invitar a otro autor a para participar en la distribución de contenido en tu blog. Esta práctica es muy común en el mundo online, y proporciona muchísimos beneficios, sobre todo a los que vivimos del mundo marketing porque nos da mayor difusión en el sector (y nos ayuda a conseguir enlaces).

Ya sabrás que el mundo online ha abierto una gran variedad de información de fácil acceso. Este contenido es distribuido mediante multitud de blogs, los cuales son escritos por un mismo autor (el dueño de la página web en concreto).

Por lo general, en los distintos **blogs se tratan temas similares**, de modo que la creación de los mismos puede representar una férrea lucha de bloggers.

A pesar de la competencia que puede presentarse en Internet, algunos bloggers han decidido implementar una **opción de guest posting o autor invitado**.

Esta práctica está ganado terreno en el mundo online, si tienes un blog o estás pensando en crear un blog, este tema te interesa. Ahora bien, ¿Qué es el guest posting, y como puede beneficiar esta técnica de marketing?

¿Cómo usar guest posting?

Por un lado, permite a los bloggers invitados **hacerse notar** y quizás ganar nuevos suscriptores, aunque el invitado no puede enviar link de su página en concreto. Además, **su rostro se vuelve conocido** y, por lo tanto, empieza a **ganar reputación en la red.**

Por otro lado, el blog que le ha hecho la invitación proporciona contenido variado, fresco y actual. Lo que le da un aspecto dinámico y entretenido al blog.

Beneficios y Ventajas del Guest Blogging

El guest posting **es una técnica inteligente de marketing** que nos da empuje en el mundo online. Además, propicia el escenario para una **mejor relación entre bloguers,** lo cual repercutirá en contenido de alta calidad, que beneficiará dramáticamente a ambos.

Escribir constantemente tanto para el blog propio, como para otros, afina las destrezas de escritor profesional, lo que puede representar **un buen dinero extra.**

Sencillamente, es una técnica en el que hay un intercambio de beneficios donde **todos ganan,** tanto el dueño del blog al brindar contenido **fresco y regular,** al invitado, porque gana **reputación como profesional** y a los **usuarios** porque disfrutan de **contenido amplio, actual,** nuevo y entretenido.

Este hecho los motiva a fidelizarse con el blog, lo que beneficia en gran manera al creador del mismo.

No veas a los demás bloguers como una competencia, con la técnica de guest posting, pueden llegar a hacerse **socios o aliados** que persiguen el mismo fin: posicionarse como los mejores en la web.

Y ya sabes, si quieres escribir en mi blog, contacta conmigo

¿Qué es un H1 y para qué sirve?

Para lograr un correcto posicionamiento SEO **es necesario hacer uso de las etiquetas**, ya que de ellas dependerá el éxito en los resultados en los motores de búsqueda.

En lo que respecta a las etiquetas tenemos h1, h2 y h3, donde h1 es la más importante. ¿Qué es la etiqueta h1? ¿Cómo se aplica?, y ¿cuáles son las ventajas del h1?

¿Qué es un H1?

El h1 es la etiqueta que se utiliza para señalar cuál es la **porción de mayor relevancia de una página** web. Es el elemento principal de un portal expresado en lenguaje HTML como cabecera, que resaltará lo que debe captar la atención del usuario y de Google.

El h1 es la etiqueta de primer nivel en la estructuración de un contenido que puede albergar hasta h6.

Después del h1, las más comunes son el h2 y h3, pero toda etiqueta expresada en el texto será una subdivisión de la etiqueta madre h1. Esta es la razón principal que evidencia la premisa de saber utilizar adecuadamente la etiqueta h1, para **garantizar una optimización del SEO** y a la estructuración del Website.

¿Tienen importancia los H1?

Para cualquier motor de búsqueda, el h1 será **el punto de partida** para el análisis de la página, donde se verá la relación que tiene con las Keyword a posicionar.

Aunque son muy similares, **no se debe confundir el h1 con el title de la página**. El title será lo que el buscador muestre en las SERPS y el h1 es lo que se mostrará en la página. Ambos términos influyen mucho en el SEO.

Aplicación y ventajas del h1

Se recomienda que el h1 sea más específico que el título, que no sobrepase los 50 caracteres, aunque no está limitado. El h1 debe ser **único y comprensible**, no repetido en otras etiquetas y mucho menos que la contradiga.

La frase que contenga debe ser de mayor relevancia, encerrando la esencia de todo el contenido, proyectando **un tema interesante y atractivo** al público. Es aconsejable no usar muchos signos de puntuación y no debe llevar punto al final de la oración.

Las ventajas del h1 es el **valor que atribuye al portal,** donde el usuario se beneficia de la experiencia de tener, de manera clara y concisa, el tema principal que se desarrolla en el contenido, lo que resulta en una lectura y navegación placentera.

Desde el punto de vista del programador o dueño de los Websites, el h1 le permite mostrarle al motor de búsqueda, las **Keyword que deseamos posicionar** para la consulta realizada.

Nota: Aunque Google y las alternativas a Google nos dicen que solo debe existir un H1 por página, es común ver casos comunes en los que en una misma página existen varios.

¿Qué es un Insight?

Hoy, con tanta competencia en el mundo del Marketing, es preciso **llamar la atención del mayor número de potenciales consumidores.** Cuando ofrecemos algún servicio, producto, etc; olvidamos un hecho crucial: que, al mismo tiempo, todos somos consumidores.

A veces sucede que procuramos direccionar, sin éxito, un área que está repleta de competencia. **El Insight puede ayudarnos a atraer a los verdaderos clientes de tu marca.**

¿Qué es un Insight y cómo se logra?

Es una **asombrosa estrategia de marketing que permite hallar, los verdaderos deseos de los consumidores.** Procura satisfacer ampliamente los requerimientos reales, de un mayor número de personas.

A veces, el cliente consume lo que las empresas determinan que él "necesita", pero a largo plazo el cliente reflexiona en el hecho, de que ha sido inducido a ese requerimiento y, por lo tanto, pierde interés en la marca en cuestión.

En cambio, cuando la empresa **produce, guiándose por las preferencias reales del consumidor, va camino al éxito.** Por lo tanto, recurrir al Insight **es de vital, a fin de mantener al consumidor unido al producto.** En el mundo comercial que impera hoy, el reto es conseguir los mejores insights para lograr el éxito.

¿Cómo lo logras?

Debes procurar "mirar" la reacción del consumidor hacia tu producto, tomar nota de las críticas, tanto positivas como negativas, para mejorar tu marca o brindar algo distinto, que se adapte a lo que el cliente pide. Esto no es difícil, si **aprovechas las redes sociales** para interactuar con los clientes, puedes valerte de encuestas, sondeos, etc.

Realmente el secreto para lograr el insight, es no olvidar que tú eres un consumidor. Por lo tanto, debes pensar como tal, **ser empático.**

Constantemente pregúntate **¿qué necesidad tengo? ¿Cómo la satisfaría una marca?**

El insight a veces, va más allá de lo que el consumidor expresa a simple vista. Ni ellos mismos saben lo que desean, y es donde nos toca a nosotros tratar de conectarlo con algo que sea útil para ellos. Debido a esto, **muchas empresas han tenido que ir más allá en este aspecto en concreto,** aunque conlleve el reinventar una idea ya concebida.

2 Ejemplos de Insight de calidad

Una de ellas fue "San Miguel 0,0" productora de cervezas. Había un grupo de personas que no ingerían alcohol, pero quizás el ritual de pasar un rato entre amigos y familiares si les gustaba, de modo que esta cervecería lanzo **"cervezas sin alcohol" posicionándose en primer lugar en esta producción.**

Gatorade es otro ejemplo. Esta bebida estuvo enfocada a los deportistas profesionales, de modo que estaba limitada a un campo. La empresa lanzó una insight: **"Para los futbolistas que trabajan de otra cosa"** de esta forma amplio el número de consumidores, haciendo ver claramente que **cualquier persona puede consumir Gatorade no solo los deportistas.**

¿Qué es un Keyword Research y cómo hacerlo? Las Mejores herramientas

La estrategia SEO o SEM que se aplique en nuestro sitio web, para lograr un aumento significativo de visitas, **será proporcionalmente positiva y efectiva a la correcta elección de palabras claves** o "Keyword" implementadas. ¿Cómo lograr identificar los términos adecuados que garanticen el éxito en nuestra campaña SEO? Para ello **es necesario un Keyword Research** o estudio de palabras clave.

¿Qué es Keyword Research?

En SEO, **una keyword es una palabra o frase clave**. Teniendo claro este concepto, **un keyword research es las búsquedas de palabras clave** en una estrategia de creación de contenidos para una web y, además, nos sirve para crear la arquitectura de nuestro site.

Ahora bien, la clave del éxito para la selección adecuada de palabras o frases claves, está precedida de un minucioso **trabajo de investigación de**

marketing, en función de las búsquedas realizadas por los usuarios de los principales buscadores de Internet (Casi siempre Google).

El resultado de esta investigación nos permitirá realizar un filtro de descarte, donde solo **elegiremos las palabras o frases más destacadas** para luego posicionarlas en el contenido de nuestro portal.

¿Cómo se clasifican las Keyword?

La labor de investigación sobre los keyword research adecuados, pueden ser **definidos por el propósito del usuario**. Se clasifican básicamente en:

Búsquedas Informativas

Comprende todas **las consultas realizadas**, con el **objetivo de hallar información de diversa índole**, sobre un tema concreto. Un ejemplo de este tipo de búsqueda sería: Cómo instalar Windows desde cero.

Búsquedas Navegacionales

Dentro del Keyword Research, son consultas más directas, cuyo propósito **pretende hallar un sitio web específico**. Ejemplo de este modelo de consultas son: Telegram, Instagram, Microsoft, Linux, etc.

Búsquedas Transaccionales

Este tipo de búsqueda **está dedicado a la obtención de información para realizar compras** online. También **es aplicable en la adquisición de algún software para descargar**. Ejemplo de esta modalidad de búsqueda es: Comprar Iphone 4S, Descargar Linuxmint KDE 18.3.

Los keyword research también pueden ser **definidos por la cantidad o volumen de consultas** concerniente a la frase clave. Pueden ser clasificadas en:

Head Tail

En un Keyword Research, son determinadas por las **consultas que están sujetas a expresiones o términos muy comunes**. Ejemplo: pantalón, automóvil, ordenador, camisa, etc. Las búsquedas Head Tail son usadas en gran cantidad por infinidad de portales de competencia.

Middle Tail

Estas **consultas** son algo más **directas, otorgando cierta característica distintiva**, pero no dejando de ser una búsqueda común. Ejemplo: Pantalón corto, automóvil grande, ordenador potente, camisa deportiva, etc. Este tipo de búsqueda es más aconsejable de utilizar que el keyword search Head Tail.

Long Tail

Este modelo de búsqueda en el **Keyword Research** es mucho más directo, donde las oportunidades se expanden considerablemente. **La consulta es mucho más detallada**. Ejemplo: Pantalón corto, caqui de mujer, automóvil grande Chevrolet 4×4, comprar ordenador potente para gaming, precio de camisa deportiva, manga larga, etc.

Las consultas tipo Long Tail otorgan grandes ventajas, por tener menos presencia en los portales de la competencia. **Admite por lo menos un 70% de las consultas que generan los internautas en la red**, por lo que al utilizar este método estaremos apostando al posicionamiento más elevado por un apartado más head tail.

La idea queda muy clara en la clasificación expuesta: Si nos concentramos en las consultas long tail **tendremos mayor éxito en el keyword research**.

Estaremos aprovechando ese 70% de tráfico en nuestro portal con esta estrategia.

¿Cómo hacer un Keyword Research paso a paso?

Con todos los datos expuestos, debemos establecer las keywords en nuestro sitio web. Antes que nada, **el enfoque es fundamental**, es decir, debemos ser conscientes de lo que ofreceremos, qué tipo de público deseamos captar, cuál es nuestro enfoque de marketing y no perder de vista nuestra competencia.

También debemos prever de qué manera nos consultarán en nuestra web. Veamos a continuación ciertos aspectos que debemos tomar en cuenta para una buena elección de keywords.

Objetivos planteados en tu web

Al hacer un Keyword Research, es absolutamente necesario **estar comprometido con nuestra web** y tener bien claro los objetivos planteados en la misma, qué resultados deseamos lograr, cuanto tiempo y dinero estamos dispuestos a invertir para obtener el resultado deseado y si tenemos la capacidad de lograrlo.

¿Cómo enfoco la búsqueda de palabras claves?

Un detalle muy interesante a **tener en cuenta es la manera en la que percibiremos nuestras ganancias**. Los keyword Research dependerán en sumo grado en sí las ganancias se obtendrán por el método de programas afilados o, por otro lado, somos nosotros quienes vendemos el producto al usuario final.

Si es el caso de que las búsquedas están sujetas a un programa de afiliados mediante enlaces de publicidad, **cualquier frase clave vale** en los keyword research, ya que, lo que más nos interesa es que los usuarios lleguen a nuestro portal y den clic al enlace publicitario. En realidad, no interesa mucho que los visitantes incautos tengan conocimiento amplio de nuestro portal, **cuantos más accedan a nuestras webs y pinchen los enlaces de afiliados, más ganancias obtendremos.**

Ahora bien, si nuestro enfoque es vender productos al usuario final, la estrategia cambia, y es donde la elección del keyword es elemental. Para entender un poco mejor esta metodología, presta atención al siguiente ejemplo:

Si estamos promocionando la venta de un ordenador marca Apple, no sería recomendable una como keyword "Ordenador Apple". Por ser una búsqueda muy común, lo usa la mayoría de la competencia y ese término clave también puede ser utilizado para buscar manuales, repuesto, aplicaciones, etc. Sin embargo, al utilizar "Venta Ordenador Apple Power Mac G5" **es una mejor opción de keyword, pues nuestros visitantes hallarán exactamente lo que están buscando por estar más definida a nuestro mercado de ventas,** y además la competencia es mucho menor.

Se podría resumir en que, al comenzar la web, es mejor ir a por long tails para generar ingresos más rápidos y, cuando tengas más autoridad para Google, poder ir a por Middle Tail o Head Tail.

El público al que nos dirigimos

Conocer cuál es el público que se sentirá atraído por la temática de nuestro portal es vital para determinar qué frases clave utilizaremos.

Hay que tener en cuenta que tipo de usuarios nos visitan. Para que un Keyword Research sea más efectivo, tenemos que orientar nuestra búsqueda de palabras clave a ellos porque, de esa manera, será más fácil lograr nuestros objetivos.

Sé que en internet te encontrarás webs donde se crean urls de todo tipo con variadas keywords, pero si apuestas por lo que realmente eres capaz de ofrecer, tus visitas quizás serán menos (depende de la temática de tu web) pero lograrás convertir más.

Imagina que tienes una web de zapatos, que solo vende zapatos. La búsqueda "Camisetas baratas" tiene miles de búsquedas mensuales, pero como ya entenderás, no es una keyword que te vaya a salir rentable y habrá perdido el tiempo y dinero generando contenidos e intentando posicionarla.

Focaliza dentro del Keyword Research, es la mejor acción que puedes hacer.

La competencia

"Nunca debemos subestimar al enemigo". En el campo de batalla de internet, es de gran relevancia **conocer las keywords de nuestra competencia**. Este conocimiento permite que determinemos si las frases claves a implementar serán efectivas o no. En este punto entra en operación el Long Tail y el Middle Tail.

Al elegir una keyword que sea comúnmente utilizada por la competencia, será más probable recibir visitas de clientes o usuarios que sean de nuestros target. Depende del tipo de Keyword que sea, las visitas recibidas serán efectivas, teniendo la garantía de que nuestros propósitos comerciales sean logrados.

Esta acción me gusta llamarla, ¡Que lo haga otro!

Herramientas para hacer un Keyword Research de calidad

Teniendo en cuenta los aspectos planteados, tenemos sobre la mesa un nutrido resultado de posibles keywords que nos pueden interesar para nuestra web. Ya hemos estudiado a la competencia y, sabemos la importancia de focalizar y diferenciar entre tipos de keywords.

Ahora pasamos a la siguiente fase: **Las mejores herramientas para crear un buen Keyword Research.**

Aunque pudiera parecernos que estamos del todo preparados para la elección de nuestro keyword Research ideal, la realidad es que no... pero vamos bien encaminados. **Ahora vamos a apoyarnos en una serie de herramientas**, que guiarán nuestra mano para dar en el blanco con la tan ansiada frase clave perfecta, que repercutirá en la generación de tráfico de nuestra web. A continuación, detallamos cada una y sus funciones:

Semrush

El Pionero y preferido por la mayoría, el potente todo en uno de Semrush, **es la primera de las herramientas que nos serán de gran utilidad para hallar keywords** que serán dignas de analizar. Esta herramieta posee una característica que explotaremos.

Estamos hablando de su **búsqueda predictiva**, donde la **sugerencia propuesta**, precedida de la primera expresión escrita, nos **revelará las frases claves que andamos buscando**. No te olvides estudiar las búsquedas relacionadas que se encuentran al pie de la página de Google llamado footer.

Ahrefs

El que más uso en mi día a día.

Mediante esta herramienta tendremos a la mano **las mejores opciones sugeridas de la red**. Solo debemos elegir el idioma y ubicación que deseamos y tendremos un resultado expresado por **gráficos bien definidos**

e información relativa al Coste por Clic, cantidad de consultas mensuales, y competencia de Pago por Clic.

Keywordtool.io

Mi preferido, la verdad.

Recordemos que tenemos gran parte del trabajo adelantado para la aplicación de esta herramienta. Con la recopilación de keywords que logramos conseguir, gracias al programa de encuestas que comentamos en el subtema *"El público al cual nos dirigimos"*, podemos vaciarlas en esta útil herramienta.

Colocamos todas las frases recopiladas en las tres secciones que se encuentran dispuestas y luego hacemos clic en Merge. Lo que obtendremos a continuación, será un **listado de gran variedad, con posibles combinaciones que quizás ni hallamos considerado**. Solo queda depurar dicha lista y quedarnos con las mejores.

Übersuggest

La aplicación de **esta herramienta para nuestros objetivos es obligatoria**, por su gran sencillez y efectividad, debido a que realiza una comparativa con los datos de google autosuggest.

Solo debemos ingresar la palabra o frase clave, elegimos el idioma y la base de la búsqueda; que por defecto viene WEB y luego hacemos clic en Suggest. Lo que **obtendremos es una lista bien nutrida de todas las variantes disponibles de keywords que se pueden hallar en Google**.

Una vez que tengamos todos los resultados de tan extensa búsqueda, solo queda depurarlos dejando aquellos keywords que sean alusivos a nuestro negocio.

Google Adwords (Planificador de palabras clave)

Para el **filtrado o depuración de las frases claves** que tenemos acumuladas gracias a nuestra recopilación previa, Google Adwords es la herramienta ideal. Lo primero que debemos hacer, es especificar los parámetros de búsqueda, para que nos muestre los resultados deseados.

Para ello primero hacemos clic en **"Mostrar solo ideas directamente relacionadas con mis términos de búsqueda"** para activar la opción, para lo cual se marcará un **"SI"** en azul. Luego, en la sección superior elegimos el idioma y la ubicación local, esto con el propósito de segmentar lo más que se pueda los **resultados para que sean más certeros**.

En la sección de la izquierda, hallamos concordancias exactas que van apareciendo según las keywords que hemos solicitado. **Este tipo de**

resultado son de gran utilidad, si el propósito de nuestra web es ventas al usuario final.

Ahora bien, si estamos dando publicidad por medio de un programa de afiliados, los keywords que no enmarcan en las concordancias exactas, también pueden sernos útiles.

Introducimos nuestro acumulado de frases claves en la herramienta y procederemos con la búsqueda. Finalmente, al obtener los resultados, **es recomendable catalogarlos por la cantidad de consultas locales**, haciendo clic en el botón "búsquedas locales mensuales".

Podemos bajar la lista de frases claves en un archivo de texto CSV que podemos abrir en una hoja de cálculo Excel, y utilizar la función de separar texto en columnas, para una **mejor distribución y manejo de la información**.

Algo a tener en cuenta

Algo más que puede sernos de gran utilidad para lograr nuestros objetivos, es tener en cuenta la opción de **usar sinónimos relacionados con los keywords** elegidos, recordando que el motor de búsqueda de Google conecta frases que tienen similitud entre frases claves consultadas. **Aplicar esta estrategia impide que caigamos en el error del keyword stuffing.**

¡Ahora sí! Con los preparativos previos ya ejecutados y la implementación de las herramientas que tenemos a nuestra disposición, **tendremos como resultado una lista bien estructurada, filtrada y depurada, con todas las keywords** que conforman nuestro long tail para emplearlas en la campaña SEO o SEM a implementar.

La implementación del Keyword Research puede parecer un proceso un tanto pesado, sobre todo cuando nos estamos iniciando en campañas SEO o SEM, pero se irá haciendo **más amigable con la práctica**, además de **que los resultados finales** (tráfico abundante de nuestro portal) **hace que valga la pena el esfuerzo.**

¿Qué es el Keyword Stuffing?

Siempre existirán al menos dos caminos para lograr un objetivo: el fácil y el difícil. Por lo general, el camino fácil implica incumplir algunas reglas y usar técnicas menos éticas, con la intención de querer lograr mucho con poco. En el marketing Digital se ha explotado mucho una de estas técnicas, el Keyword Stuffing.

El Keyword Stuffing es una técnica Black Hat que sabemos que ha funcionado en el pasado, pero qué es el Keyword Stuffing y cómo puedes evitarlo.

¿Qué es el Keyword Stuffing?

El Keyword Stuffing es la acción de inundar el contenido de una landing con palabras claves repetidas muchas veces, de manera consciente, con la intención de mejorar su posicionamiento.

De igual manera, el Keyword Stuffing incluye la acción de destacar en exceso frases y palabras por medio del uso de negritas con la intención de una mejor optimización.

Por norma general, los que recurren a estas estrategias, consiguen un resultado inverso al esperado, debido a que los buscadores utilizan algoritmos que identifican estas características, para aplicarles penalizaciones que perjudican directamente su posicionamiento y flujo de tráfico.

Con la implementación de algoritmos como Google Panda y algunas técnicas Black Hat, las webs que usaban de manera descarada el uso de esta técnica fueron duramente penalizados y se redujo considerablemente esta práctica.

Sin embargo, no es correcto ser categóricos al condenar el Keyword Stuffing como incorrecto y penalizado. Para su uso, se debe recurrir al equilibrio, repitiendo las palabras claves sin exagerar, permitiendo que el contenido fluya con naturalidad.

¿Cómo evitar el Keyword Stuffing?

Para evitar ser penalizado por el Keyword Stuffing, debemos procurar que el contenido del blog, post, categorías, productos, etc... de nuestra web, mantenga una coherencia argumental. La palabra clave debe ser insertada de forma natural en el texto.

Conozcamos la densidad de la palabra clave que utilizamos dentro del contenido publicado. La densidad es porcentual, lo cual nos permite determinar hasta qué grado estamos usando o abusando del Keyword.

Por ejemplo, si de un blog, el contenido está comprendido de 500 palabras y hemos insertado a lo largo del texto 10 veces la palabra clave, podemos decir que su densidad es del 2%. Un buscador puede considerar como Keyword Stuffing un contenido que sobrepase el 4% de densidad.

¿Hay alternativa al Keyword Stuffing?

Para no ser penalizados por hacer Keyword Stuffing, podemos usar otras técnicas. La que funciona muy bien y cada vez se está imponiendo más es la de usar sinónimos y palabras directamente relacionadas con la Keyword principal a posicionar.

Con esto conseguimos la **semántica** de la que tanto habla Google y el mundo del SEO en estos momentos.

¿Qué es el Link Baiting? Consejos y estrategias eficaces

El link baiting consiste en generar contenido de cualquier temática interesante para tus lectores y también para tu competencia, de tal manera que capte la intención del usuario. Una vez conseguida la atención del lector, debe ser tan relevante para él o ella que tendrá que, sin dudarlo, enlazarla en su web, por lo que conseguiremos de manera natural y sin hacer link building enlaces hacia nuestro contenido y nuestra web.

Diferencias entre link baiting y link building

Aunque ambas técnicas se mantienen a través de links y enlaces de calidad, podemos decir que el link building es el encargado en buscar enlaces a través de la red, mientras que el link baiting es la técnica que, mediante contenido único, veraz, de calidad y novedoso consigue que otras webs la enlacen sin buscarlo.

Si ya tenemos claro *que es el link baiting* y que se trata de generar contenido de mucha calidad y los beneficios "sin levantarnos del sofá" Que ofrece esta técnica para obtener enlaces, podemos empezar con unos consejos muy útiles para que podamos encontrar la mejor forma de conseguirlo.

¿Unos consejos para linkbaiting?

Contenido exclusivo

Ya sabes que una de las técnicas SEO por excelencia es el contenido de calidad, único y diferente. Con Link Baiting no es suficiente, además debes sumar un contenido exclusivo para que sea necesario al resto del mundo hacerte referencia. Todo lo que suponga la creación de links por parte de otras webs sin que nosotros lo sepamos, será link baiting y ello implica, en muchos casos, tener contenido exclusivo.

Experimenta y muestra

Los experimentos son siempre atractivos en cualquier área y más, en SEO. Contar al público experimentos realizados detalladamente, sacando conclusiones y dando datos reales, atraerá a tu público de manera notoria. Si a ello le sumas un buen título y buena temática, tendrás posibilidades de hacerte viral.

Creatividad al poder

Parafraseando a Ted Mosby, lo diferente siempre es mejor. En un mundo globalizado donde hay mucha información repetida, ser creativo es una de las soluciones al estancamiento de tus links.

Eso sí, no te pases de creativ@ si no tienes un buen contenido, aporta valor a tu web con contenido de calidad.

Los datos y sus beneficios

Los datos son importantes, los datos son el poder, los datos nos dan credibilidad. Con estas tres razones espero que tengas suficiente para no crear post vacíos de datos. Para dar más valor a tu post, contrasta los datos si puedes y si no te es posible, di a tu público que lo haga y comparta.

Si lo contrasta y comparte, probablemente te haga un link a tu web para que sus usuarios puedan contrastar con tus datos. ¡¡¡Link Baiting al poder!!!

Debatir da vida

Cada debate y opinión opuesta gusta y crea esa necesidad de participar. Mencionar o enlazar contenido que genera opiniones, es más fácil que uno que pasa desapercibido y no tiene "chicha".

Si tienes el artículo perfecto con una opinión que pueda generar debate, no dudes en trasmitirla y publicarla en tu medio. Por supuesto, sé respetuoso al generar opinión.

¿Es gratis?

Como nos gusta lo "gratis", ¿verdad? Sí, la verdad es que a la gran mayoría nos gusta recibir cosas sin coste, un regalo, un cheque de 1 millón de euros…

Sea como sea, con cosas más pequeñas o más grandes, es difícil decir que no a poner un enlace si demás de él, tenemos algo a cotes cero.

¿Qué puedes ofrecer? Quizás un Curso Online, eBook, plantilla, excell, PDF, lo que sea que tenga valor para tus lectores.

Menciona tus colegas

No, no creas que te estoy diciendo que menciones en tu publicación a tus amigos de toda la vida, ni a los del pueblo, ni siquiera a los que conociste aquel verano en la playa... ¡NO!

Menciona a tus colegas del sector, habla sobre ellos o con ellos sobre temas que os interesen y publícalo. También puedes hacer una sección de entrevistas SEO, pero estaría muy feo que no me invitases...

Mencionar a gente más influyente que tú, te hará ganar visibilidad tanto a corto como a largo plazo.

Con estos 8 Consejos para realizar una estrategia de Link Baiting de manera rápida, pero efectiva podréis conseguir que enlacen vuestro contenido desde diferentes webs y mejorar la autoridad de vuestra web.

Conclusión: Los links son importantes en cualquier estrategia SEO o Social Media y por ello debemos tenerlos en cuenta y a la larga, un buen link conseguido de manera natural es el mejor SEO que podemos hacer. Pero es importante no obsesionarse con las estrategias de Link Building ni de link Baiting, ya que es un punto más a tener en cuenta, pero no el único.

¿Qué es el Link Building?

El Link Building es un método enfocado en el marketing online que permite la optimización en los motores de búsqueda, mejorar el posicionamiento en buscadores o SEO. Para que un sitio web tenga éxito, debes considerar la aplicación de esta práctica tan efectiva.

Aunque link building es uno de los métodos más utilizados, eso no significa que debas olvidar factores como, la estructura de la web o velocidad de carga. Aun así, el link building siempre será visto como pieza relevante para obtener un volumen considerable de visitas en tu página web.

Importancia del Link Building o construcción de enlaces

El Link Building permite obtener enlaces externos provenientes de otras páginas web, que cuentan con una gran popularidad para Google y para los usuarios y que a la vez tienen relación con el tema que manejas, esto con la finalidad de aumentar la calidad de tu sitio web, permitiéndole estar entre los mejores. Esta práctica pertenece al grupo SEO Off Page.

Al utilizarla correctamente se muestra autoridad de la web o marca, presencia en redes sociales y mucho más. Cuantos más enlaces de calidad obtengamos, mayor será la popularidad del sitio web para Google.

Para mejorar la cantidad y calidad de enlaces, siempre puedes comprar enlaces de calidad en Enlazator y así ayudar a tu web a tener mejor Link Building en menos tiempo. Ten en cuenta que, cuanto antes consigas dar popularidad a tu web, antes te llegarán las visitas y conseguirás mejorar tus beneficios con ella.

Para que todo esto tenga éxito, debes cerciorarte que, los enlaces a los que recibes en tu web deben tener autoridad y calidad, y para ello es necesario tener en cuenta elementos como:

Naturalidad

La naturalidad hace énfasis en la temática del enlace, asegurándose que el mismo cubra las necesidades de los usuarios y que cuente con información "de calidad". Para que haya naturalidad, el enlace debe tener relación con la temática utilizada, y no seguir un sistema o patrón automático de enlazado.

Anchor text

Los enlaces no son más que menciones, en este punto debemos hablar de *anchor text,* el cual debe tener coherencia con el contenido utilizado y por supuesto con la página de destino y tener la naturalidad de la que hablamos en el primer punto. El objetivo es mantener al usuario, no distraerlo.

Lo ideal es que estos enlaces utilicen un título para optimizar la búsqueda del usuario y así indicarle a donde este le dirige. En las imágenes también es posible utilizar *anchor text* solo que en este caso el enlace debe tener contar con el *texto alt*. Sin duda, todos deben ser precisos, deben contar con la palabra clave, y ser muy naturales.

Crea tu campaña de Link building

Utilizar de manera correcta link building no es tan sencillo, pero ¡no te preocupes! Te mostraré una serie de pasos que puedes seguir si quieres posicionar tu sitio web:

Autoridad de los enlaces

Este es uno de los pasos más importantes cuando haces link building, consiste en la revisión de la autoridad con la que cuenta el sitio web. Para ello puedes utilizar alguna extensión de chrome la cual te permitirá conocer los datos DA y PA, siendo el primero, la autoridad del dominio en general, y el segundo, las páginas internas situadas en el portal.

Esta revisión te permitirá, incluso, superar a tus competidores. Podrás conocer qué palabras claves puedes utilizar para incrementar la popularidad del sitio web y mucho más.

Algo a considerar, es que, por lo general, cuando Google actualiza su algoritmo, la autoridad del portal web puede cambiar, pero eso no significa un problema mayor, solo debes ejecutar una nueva revisión.

Evaluación de los enlaces

Aunque ya hablamos de esto para hacer link building, resulta relevante mencionar que la calidad de los enlaces utilizados es muy importante. Debes saber que, existen dos tipos de enlaces principales, los nofollow y los dofollow.

El primero no permite la transmisión de autoridad completa de la web enlazada, mientras que el segundo funciona de manera contraria. y traspasa autoridad. Recientemente, Google has sacado dos nuevos atributos, el rel="sponsored" y rel="ugc".

Muchos ven los enlaces nofollow como innecesarios, pero no todo es tan malo, porque este tipo de enlace es capaz de ofrecer naturalidad a la temática, siendo este el mismo objetivo de los enlaces dofollow.

Lo ideal es utilizar los beneficios que ambos nos dan, un ejemplo fácil sería obtener al menos 70% dofollow y 30% nofollow, de esta manera tu sitio web contará con la naturalidad necesaria para posicionarse.

NOTA: Los porcentajes pueden cambiar dependiendo del sector en el que nos encontremos.

Búsqueda

Para conocer a la competencia y por supuesto, mantenerte encima de esta, es necesario realizar un estudio de las palabras claves utilizadas.

Antes de usar cualquier palabra clave como enlace en tu campaña de Link Building, es necesario tener en cuenta el grado de competencia con el que esta cuenta. Una búsqueda exhaustiva y una buena organización, podrán ayudarte incluso a superar la autoridad de portales web mas populares para Google.

Análisis

El siguiente y último paso es analizar el modo de uso de los backlinks, y para ello debes echarles un vistazo a las herramientas SEO. Aunque algunas son de pago, también puedes usar las gratuitas.

Para ello solo debes buscar enlaces para tu sitio web y que al mismo tiempo sean utilizados por la competencia, lo ideal es situarte encima de ellos, por lo que la temática utilizada es un factor que no debes olvidar.

Ahora bien, en caso de optar por herramientas de pago, vale la pena mencionar la que para mí es el referente del sector. Esta herramienta es Ahref, la cual tiene como objetivo el rastreo de los enlaces que tengan relación con tu sitio web, tomando en cuenta, por supuesto, los utilizados por la competencia.

Y lo mejor es que, para una respuesta más rápida, puedes filtrarlos, ya sea utilizando "NoFollow", en caso de contenerlo claro, considerando el contenido enlazado y muchas más.

Estas son las técnicas de Link Building más efectivas

Si creías que esto había terminado, pues estás equivocado. ¡Aún nos queda mucha tela que cortar!

Esta estrategia de posicionamiento cuenta con una serie de técnicas que no debes ignorar si quieres que tu sitio web sea uno de los mejores. Claro que cada una de ellas dependerá del tipo de proyecto que quieras comenzar, aun así te mostraré las más efectivas.

Utiliza solo contenido de calidad

En este punto hacemos referencia a Google que considera que, la calidad de la información suministrada debe ser la mejor. Google te muestra la cantidad de acciones realizadas por los usuarios, el tiempo de estos en la web, y mucho más. Ten en cuenta que, Google puede jugar en tu contra si no utilizas los parámetros correctos.

Coloca tus enlaces en contenidos que además de ser de calidad, sean naturales. Recuerda que, los usuarios deben sentirse conectados no solo con la información, sino además con la forma de redacción, y para ello en ocasiones un texto de calidad no es suficiente, no olvides agregar también imágenes y vídeos.

La mejor recomendación, según el consultor SEO Miguel Cidre es, utilizar un estilo de escritura que te agrade leer, te genere un poco de dudas y, quieras continuar en la web para aclarar cada una de ellas.

Enlaces que obtengan clics

Claro que esta técnica no podía faltar. Para que tu sitio web posicione, asegúrate de obtener links que obtengan clics desde las webs enlazadas. Google da valor a los enlaces, pero si además de conseguir enlaces, estos te dan tráfico, Google los tendrá más en cuenta a la hora de darles un valor.

Para conseguir esto, te recomiendo que consigas enlaces en foros de tu sector con muchos usuarios y en blogs o medios que publiquen los artículos que contienen tus enlaces en su Home o página principal, ya que obtendrán más tráfico y será más fácil recibir visitas a través de ellos.

Pedir colaboración

Muchas páginas web han logrado posicionarse gracias a esta técnica, la cual consiste en solicitar el apoyo a profesionales para que hablen de tu sitio web. Si piensas en aplicarla, recuerda dirigirte a ellos siempre de forma respetuosa, y recuerda que tanto la página como su creador deben tener una imagen "profesional".

Pero esto también necesita un estudio, aunque claro, no es tan exhaustivo como los anteriores. En este caso debes analizar factores como la popularidad, temática y naturalidad utilizada por los profesionales que quieres contactar.

Adquiere enlaces patrocinados

Esta técnica es tan efectiva como peligrosa, ya que Google suele considerarla Spam e intenta penalizarla cada vez más. Para usar esta técnica, te aconsejo que no cometas ningún error y la naturalidad y el contenido de calidad sea tu arma principal para colocar tu web por encima de tus competidores.

Aunque puedes adquirir enlaces de periódicos, blogs y foros, las notas de prensa son también uno de los métodos de link building con mayor poder, especialmente porque contribuyen con el incremento de la reputación de la web. Esos siempre recomiendo ponerlos como nofollow, pero depende del sector. Recuerda que los patrones son negativos en el link building.

Por su parte, los periódicos son medios que permiten no solo tráfico, sino que, además, contribuyen en la creación de contenido orientado a tu temática con mucha importancia entre los buscadores, lo que te puede dar popularidad entre los lectores del medio de comunicación.

Cada una de estas técnicas pueden contribuir con el crecimiento y posicionamiento de tu sitio web mientras las utilices correctamente.

Sabemos que aplicar link building no es fácil, pero nada que un poco de estudio no pueda solucionar.

Realiza las búsquedas pertinentes y pide ayuda a expertos si lo consideras necesario, recuerda que el objetivo es posicionar y no ser uno más del montón.

¿Qué es el link juice?

Seguro que has escuchado hablar cientos de veces del link juice. ¿Cómo se traspasa la autoridad en Google? Aunque existen otros elementos que interactúan para lograr ese fin, son menos conocidos que el link juice. Ahora te preguntas, ¿Qué es el link juice y para qué sirve?

En el Marketing Digital es muy común usar técnicas y herramientas efectivas para el posicionamiento de las landing page, donde es común relacionarnos con términos como SEO, SEM, Keyword Research, etc.

¿Preparados para saber más sobre el link juice?

El link juice es un recurso que permite a una web con muchas URL, trasladar parte de su autoridad a urls enlazadas al mismo. Este traspaso de autoridad permite un mayor nivel de importancia e incluso de tráfico y un crecimiento en las SERP de Google.

El término link juice, transmite la idea de mezclar la relevancia de varios portales; como si de un jugo de frutas tropicales se tratara, para enriquecer aún más su presencia en los motores de búsqueda. Es de destacar que, el link juice es el procedimiento más usado en SEO para pasar autoridad a otros portales a través de enlaces.

¿Para qué sirve link juice?

Como objetivo principal, el link juice traslada la autoridad de un portal destacado a otro de menor relevancia, para alcanzar un mejor posicionamiento en el SEO. El beneficio es bilateral, presentando un evidente aumento de proyección y tráfico para ambos portales.

Por medio del link juice se logra mayor auge de visitas con la posibilidad de aumentar considerablemente la cantidad de clientes que en su momento fueron Leads. Es la manera efectiva de ganar presencia en la red con la consecuencia lógica de mejorar la rentabilidad del negocio online.

¿Cómo sacar provecho de link juice?

La mezcla de este "jugo de enlaces" no solo se aprovecha para los enlaces de portales externos, también es aplicado para un link interno.

Este hecho permite tener el completo control de autoridad para cada enlace de los portales a gestionar. Para garantizar el éxito es necesario tener presente: hacernos de un buen reparto, usar enlaces de calidad y cuidar de que exista la retroalimentación de la home de tu página web.

Qué son las Long Tail o palabras clave de 'cola larga'

El uso en SEO de long tail está cada vez más extendido porque los resultados que se pueden obtener son más que interesantes. La elección de las palabras clave adecuadas es un proceso importante al que deberemos prestar mucha atención si hemos decidido poner en marcha una estrategia de posicionamiento orgánico en los metabuscadores, con el objetivo de atraer tráfico a nuestro dominio o sitio web.

La definición de este término hace referencia a los criterios de consulta que utilizan los usuarios para buscar una información determinada. Generalmente, para nuestra estrategia SEO solemos elegir una keyword con un potencial de tráfico alto.

No obstante, aquellas de una categoría inferior suelen tener una competencia baja y, por tanto, son más fáciles de posicionar. Esta sería la definición de long tail que podemos ofrecer, simplificando, para que entendamos el concepto que vamos a desarrollar ampliamente a lo largo de este post.

Como ya hemos adelantado, las long tail o palabras clave de cola larga son aquellas cuyo potencial para atraer tráfico es bajo, puesto que generalmente no suelen ser muy utilizadas por los usuarios para realizar sus búsquedas en la red. No obstante, este tipo de keyword apenas tiene competencia, de ahí que resulte bastante más sencillo su posicionamiento en los motores de búsqueda.

¿Qué son las palabras clave long tail?

Usar los anchor text para hacer enlazado interno o linkbuilding a través de backlinks, también es una estrategia SEO a tener en cuenta para obtener mejores posiciones en las SERP.

Si tenemos el acierto de emplear adecuadamente un gran volumen de términos de esta clase en nuestra estrategia de SEO, encontraremos la posibilidad de obtener un tráfico orgánico que pueda equipararse al que conseguiríamos si utilizásemos palabras clave de superior categoría.

El concepto de long tail lo popularizó en 2004 Chris Anderson, editor jefe de la revista Wired, a través de un artículo con el título 'The long tail' y, posteriormente, mediante su bestseller 'La economía long tail'.

La idea hace referencia a la tendencia por la cual los mercados de masas llegan a convertirse en mercados de nichos, ya que gracias a la tecnología, resulta rentable la venta de pequeñas cantidades a precios bajos en una sociedad de consumo.

Aplicado al SEO, se trata de intentar atraer el mayor volumen de tráfico orgánico a nuestro blog o sitio web utilizando para ello muchas palabras clave de cola larga, que aunque tienen un potencial menor que las simples, son más fáciles de posicionar.

Quedémonos con este ejemplo que nos va a resultar muy esclarecedor para entender el concepto del que estamos hablando: vender muchos productos a un precio bajo resulta más sencillo que si se trata de otros artículos caros. Es más fácil **ganar dinero** vendiendo muchos libros que hacerlo vendiendo una cantidad reducida de vehículos de alta gama.

Imaginad que tenemos una tienda de zapatos en Zaragoza y queremos ampliar nuestro negocio sumergiéndonos en el mundo de Internet. Construimos nuestro propio sitio web y ponemos en marcha una estrategia de posicionamiento orgánico en los buscadores.

Vamos a obtener un volumen mayor de tráfico si nos posicionamos con muchas palabras clave de cola larga, que resultan más descriptivas, como por ejemplo "zapatos para caballero en Zaragoza", "venta de zapatos de señora en Zaragoza", "zapatos deportivos en Zaragoza" o "dónde comprar zapatos en Zaragoza", que si decidimos hacerlo simplemente con la keyword "zapatos".

La palabra clave "zapatos", seguramente, ofrecerá millones de resultados y contará con miles de búsquedas mensuales, por lo que nuestro blog o sitio web podría ahogarse en un amplio océano. Sin embargo, "zapatos para caballeros en Zaragoza" apenas tendrá unos cientos de consultas al mes y arrojará una cifra de resultados mucho menor.

La importancia del long tail

El uso en SEO de long tail, por tanto, puede suponer la diferencia entre que nuestro negocio aflore y crezca enormemente o, por el contrario, se estanque y no consiga despegar. Aunque lográramos posicionar bien las keyword que considerásemos más adecuadas, perderíamos la mayor parte del tráfico que podríamos generar si descuidásemos el long tail.

Además, las estadísticas demuestran que el tráfico que nos llega a través de términos muy genéricos ofrece una peor conversión que aquel que obtenemos gracias a las palabras clave de cola larga.

Volvamos al ejemplo de nuestra tienda de zapatos en Zaragoza. Imaginemos que hemos logrado posicionar de manera magnífica la keyword "zapatos". Seguramente, la mayoría de los usuarios que lleguen a nuestra web estarán buscando información genérica o hayan recalado en ella por casualidad.

No podemos asegurar que vayan a realizar, finalmente, una compra.

Sin embargo, si los usuarios que han accedido a nuestro sitio lo han hecho a través de la long tail "dónde comprar zapatos en Zaragoza", probablemente haya más posibilidades de que estos acaben efectuando una conversión y adquiriendo alguno de nuestros artículos.

El diccionario SEO para dummies - Santos Muñoz Tebar
2022

¿Cómo potenciar el long tail de nuestra web?

Una vez que ya hemos completado una definición de long tail que nos ha servido para entender el concepto y también hemos visto las ventajas del uso en SEO de long tail, ahora vamos a cerrar esta entrada de nuestro blog numerando algunos consejos que nos pueden ser de gran utilidad para potenciar nuestra web.

Cierto es que puede resultarnos inviable monitorizar las palabras clave de cola larga de la misma manera que lo haríamos con la keyword genérica de la campaña, debido principalmente a su volumen. No obstante, hay algunas recomendaciones que podemos aplicar para mejorar el long tail de nuestro sitio:

1. Es fundamental estructurar adecuadamente nuestra web. Las descripciones, las URL, los títulos o los H1 son elementos que han de reflejar a la perfección el contenido de cada página, que hemos de organizar por categorías y subcategorías siguiendo siempre una lógica.
2. Debemos vigilar la indexación. El contenido duplicado o los errores 404 pueden hacer mucho daño a nuestra página. Por eso debemos revisar periódicamente las páginas indexadas para detectar y subsanar posibles errores.

3. Cuidar nuestros contenidos es obligatorio. Una fotografía de baja calidad, un enlace roto o que no funciona, o un texto sin completar va a desmejorar nuestro portal, y eso incidirá directamente en las visitas.

El uso en SEO de long tail, por tanto, nos servirá para generar el mayor volumen de tráfico orgánico y de mayor calidad. De ahí la importancia de potenciarlo y cuidarlo en nuestra estrategia de posicionamiento en buscadores.

De hecho, debería ser una prioridad en cualquier campaña, ya que de su optimización puede depender, en gran medida, que nuestro proyecto digital tenga éxito o fracase estrepitosamente.

¿Qué son las meta tags?

Lograr un buen lugar dentro de millones de portales webs es la preocupación constante de los desarrolladores de nuevas páginas en la red y expertos SEO.

Utilizamos una gran cantidad de tiempo en investigar todas las técnicas de posicionamiento web en las búsquedas de Google. Los meta tags fueron de vital importancia en este objetivo, pero, ¿Que son los meta tags? A continuación, te lo contaré.

¿Qué son las meta tags y para qué sirven?

Son las etiquetas HTML las cuales son invisibles para el usuario, no obstante, encabezan los portales con información codificada para Google, este hecho permite que el buscador pueda descifrar el contenido de una página web, y, por lo tanto, la ofrezca como uno de los primeros resultados de una consulta.

El diccionario SEO para dummies - Santos Muñoz Tebar
2022

¿Cómo se crean las meta tags?

Mediante centenares de líneas de código, las meta tags le indican a Google que indexan la página los términos o palabras claves por la que debe ser encontrada.

Hace algunos años, las meta tags eran de suma importancia para lograr un buen lugar en las SERP de Google, pero, su uso ha disminuido debido a que el buscador cuenta con otras herramientas y algoritmos nuevos para descifrar la información de los portales.

¿Es malo no incluir meta tags en tu web?

Podemos decir, que si tu página web cuenta con leguaje HTML es decir, con las meta tags, estás aportando una información de relevancia al buscador, sin embargo, si no la incluyes, no tendrá un efecto dramáticamente negativo si aplicas las demás herramientas que Google establece para posicionar la página web.

La verdad es que los buscadores, incluso los que son alternativas a Google, están constantemente mejorando sus servicios de búsqueda inteligente, por lo tanto, es preciso hacer un esfuerzo por llevarle el ritmo, de modo que podamos posicionar con las herramientas actuales.

De lo contrario, pudiéramos estar aplicando técnicas de posicionamiento anticuadas que no nos permitirán lograr el objetivo deseado. En resumen, podemos aseverar que los meta tags eran de gran importancia hace unos años, actualmente ha disminuido su uso.

Qué es una nube de tags

Puede que el nombre nube de tags no te suene. Pero es prácticamente seguro que has visto este elemento de diseño decenas de veces en Internet. Crear una nube de palabras es fácil y útil. Por eso, te explico con qué herramientas generarla y cómo hacerlo.

Qué es una nube de palabras

Una nube de *tags* es una forma de representar visualmente las apariciones de las palabras utilizadas para las etiquetas descritas y para hacerlo más fácil puedes usar algún **generador de nubes de palabras**. Los temas más populares normalmente se destacan en una fuente o tipo de letra más grande y llamativo.

Las palabras más grandes indican que se usan con más frecuencia. Los visitantes de un blog o sitio pueden, gracias a este elemento, ver fácilmente, las etiquetas más populares dentro de la página. Lo que aclara con solo un vistazo los temas que se tratan. También se le llama lista ponderada.

Herramientas para crear nube de tags

Hay múltiples maneras de crear una. Cualquier editor de fotos normal puede servirte. Incluyes cada término, eliges color, fuente, estilo, tamaño y alineación para cada palabra y ya lo tienes. Lo que ocurre es que hacerlo de esta forma supone un trabajo tedioso.

Y necesitarías hacer cálculos matemáticos para saber el tamaño que debe tener cada palabra, según su peso en el sitio web o blog analizado.

Te recomiendo que ni lo intentes, porque además de la gran cantidad de tiempo que necesitarás invertir, lo más probable es que el resultado sea poco riguroso y satisfactorio. En Internet puedes encontrar numerosas herramientas *online* y *offline*, que te harán este trabajo mucho más fácil.

Cómo crear una nube de tags

Tienes a tu disposición herramientas intuitivas y ágiles para crear estos elementos. Dado el uso creciente que muchos hacemos de las herramientas de Google, a continuación te explico como generar una en Google Docs. Sigue estos pasos:

1. Navega hasta la parte superior de tu pantalla.
2. Haz clic en Complementos> Obtener complementos.
3. Busca Word Cloud Generator.
4. Una vez que lo encuentres, haz clic en el botón "+ Gratis" para instalar el complemento. Recibirás una notificación en Google Docs que Word Cloud Generator se ha agregado al menú de complementos.

A continuación, para crear una nube de palabras:

1. Haz clic en Complementos> Word Cloud Generator> Crear nube de palabras.

El diseño se formará en el lado derecho de tu página y se basará en las palabras que se usan más comúnmente en tu documento. Si haces clic en Anexar recuentos de palabras principales, crearás una tabla en tu documento que enumera cuántas veces cada una de las palabras principales aparece en el documento.

Herramientas online para generar nubes de palabras

La gran mayoría de los generadores de nubes de palabras *online* funcionan igual: insertas un texto en un cuadro, seleccionas algunas opciones y obtienes el resultado. Algunos ofrecen más opciones que otros, como palabras en todas las direcciones, formas, etc.

Mi recomendación es elegir algún texto de prueba y pegarlo en cada uno de los cuadros de texto de las herramientas que te describo a continuación, para ver el resultado y a continuación elegir el que más te guste.

1. Tagxedo
2. TagCrowd
3. Wordle
4. WordArt

5. ToCloud
6. ABCya

Tagxedo

Tagxedo es único porque te permite construir nubes incluso desde enlaces URL y texto plano simple. Crea obras de arte de tipografía.

Puedes cambiar la forma si deseas organizar la nube. Y también es posible editarla más tarde. Puedes guardar en formato de imagen, de impresión o para la web.

Esta es una de las herramientas más potentes para esta función. También tiene las siguientes características:

1. Puedes excluir números y palabras comunes.
2. Te ayuda a combinar palabras.
3. Puedes modificar la lista como lo desees.
4. Ofrece una gran variedad de fuentes, temas, paletas de colores, etc.
5. Los resultados se pueden incrustar utilizando iFrame. Y se puede guardar en la galería con el enlace a la nube de etiquetas en vivo.

TagCrowd

TagCrowd te permite trabajar desde un texto plano, un enlace o un archivo de texto. Solo tienes que insertar las palabras o textos a visualizar y configurar los ajustes. Luego, haz clic en el botón "Visualizar" y podrás ver el resultado.

También te permite buscar las palabras más y menos usadas de una web, insertando al enlace del sitio en la barra de URL.

Wordle

Wordle es un administrador en línea que se diferencia del resto por su variedad de diseños. Al igual que TagCrowd, puedes crear una nube de etiquetas basada en texto plano, enlace URL o incluso algún nombre de usuario.

Puedes editar el diseño, modificar los colores e incluso organizar las palabras de una manera diferente. Te proporciona creatividad, y eso hace únicos los diseños. Sus principales características son:

1. Puedes construir y personalizar rápida y fácilmente.
2. Dispones de preferencias y filtros de idioma.
3. Puedes seleccionar tipo de letra.
4. Personalizas el diseño y la paleta de colores.

WordArt

WordArt es un generador multi-función que te permite construir bellas nubes e incrustarlas en tu propio blog, de la siguiente manera:

1. Crea una cuenta.
2. Introduce las palabras o elige un sitio web para el que quieres la nube.
3. Una vez que la creas, puedes modificar las fuentes de varias palabras. Puedes cambiar el color y la posición de la frase.

Otras características son:

1. Puedes nombrar tu nube.
2. Para obtener algunas etiquetas, puedes copiar y pegar el código fuente o simplemente el enlace URL de la etiqueta.
3. Está la forma predefinida (nube, corazón, estrella, triángulo, estrella de cinco puntas, círculo, rectángulo) y también puedes especificas el ángulo y el aspecto que deseas.

ToCloud

Con ToCloud solo puedes insertar el enlace a un blog o página de noticias para ubicar la nube para ese sitio web. También puedes incluir el texto que quieres visualizar. Permite filtrar las palabras que no quieres que sean visibles, como palabras malsonantes y ofensivas.

ABCya

ABCya es una de las herramientas más simples. Está especialmente diseñada para niños en edad escolar.

Conclusión: excelente aporte visual

La nube de tags es una excelente herramienta visual porque ayuda a comunicar ideas de una manera muy directa, poniendo el foco en las palabras más importantes.

Crear una nube de palabras es algo que puedes hacer en muchos formatos y con diferentes herramientas, aunque, dadas las opciones actuales, lo mejor es que recurras a un generador *online*. Los resultados serán más llamativos, impactantes y profesionales.

¿Qué es el PageRank?

PageRank es un algoritmo de posicionamiento en los motores de búsqueda diseñado para ayudar a los sitios web a tener un mejor posicionamiento en las SERPS.

El algoritmo calcula el grado de consideración de una página individual para su clasificación en los resultados de un motor de búsqueda. El algoritmo PageRank utiliza una mezcla de la calidad (o relevancia) de una página y su contenido para determinar qué tan alta es considerada para el ranking.

¿Cómo se mide la calidad de estos portales? En Google esta medición se logra mediante el PageRank el cual establece algunos parámetros de calidad. Si tienes una página web, este tema te interesa.

Pero, ¿Qué es realmente el PageRank?

Mediante una valoración desde 0 hasta 10, Google mide la importancia que tiene una landing page, a este hecho se le llama PageRank.

Para establecer la calidad de las mismas, Google establece una serie de algoritmos y criterios que al cumplirlas queda en evidencia cuáles son las páginas de más relevancia e influencia entre los usuarios.

Anteriormente, esta puntuación era pública, no obstante, en la actualidad esta medida se lleva internamente.

¿Qué criterios se tienen en cuenta en el PageRank?

Para medir la relevancia de un portal web se consideran varios aspectos, los más destacados son la calidad de las distintas webs que enlazan y el tiempo de antigüedad del dominio.

Esta medición era de suma importancia en sus inicios por la década de los 2000, sin embargo, actualmente PageRank ha perdido importancia en el mundo online, y han surgido otras figuras de más transcendencia como Domain Authority y Page Authority de Moz.

Importancia del PageRank en las páginas web

La medición del PageRank era de vital importancia para instaurar algunas estrategias de SEO. De esta forma se establecía la eficacia en las páginas web, debido a que las mismas podían posicionarse en las SERPS orgánicamente.

Sin embargo, debido al descenso de Google y la ausencia de transparencia por este gran buscador, las puntuaciones que aloja carecen de peso.

Por lo tanto, hoy se recurre algunas alternativas para medir la relevancia de nuestra página web o la de la competencia, descartando el PageRank.

El podcast es un tipo de contenido multimedia (normalmente de solo audio, aunque también puede contener audio + vídeo) que se transmite mediante un sistema de redifusión, a partir del cual el usuario puede escuchar la pieza online o descargarla directamente en su dispositivo.

Aunque su formato se asemeja bastante a los programas radiofónicos, una de las principales diferencias de estas piezas es su atemporalidad. Es decir, pueden ser escuchadas en cualquier momento. De hecho, las principales emisoras de radio ya cuentan con sus propios podcast, permitiendo a los usuarios seguir sus emisiones fuera de directo.

Otra de las particularidades de estas piezas es la temática de las mismas, ya que abordan temas y sectores más personalizados que en el canal radiofónico, segmentados para un tipo de audiencia específica.

Algunas plataformas populares como Itunes, Spotify o Ivoox se han consolidado como referencias en el mercado del podcasting, almacenando y distribuyendo buena parte de estos archivos multimedia a millones de usuarios en todo el mundo.

¿Cómo están cambiando los hábitos de consumo en la red?

Desde el punto de vista del usuario, el consumo digital no deja de cambiar. Nunca lo ha hecho. El tiempo se ha convertido en un aspecto decisivo para determinar la experiencia de navegación. Cada segundo en la red es un tesoro.

A los usuarios nos agobia pasar demasiado rato esperando a que cargue una página, leyendo grandes bloques de texto o soportando la invasión publicitaria allá donde clicamos. Nos hemos vuelto consumidores impacientes, amantes de lo inmediato, del "ya" y el "ahora".

Queremos respuestas rápidas, cómodas y eficaces que nos agilicen el momento de consumo sin demoras ni trampas. Es por eso que la exigencia con las marcas y contenidos ha crecido tanto y que, con ella, también lo hayan hecho nuestros hábitos en la red.

En este sentido, hay ciertos contenidos que están irrumpiendo de manera muy significativa en el canal online, adaptándose a estas nuevas inquietudes. Desde luego, el vídeo es el formato que mayor crecimiento ha experimentado gracias a la fuerza y atractivo de la imagen. Sin embargo, el consumo de podcast también empieza a evidenciar claros síntomas de evolución entre las preferencias de los usuarios.

Según las tendencias de búsqueda que nos muestra Google Trends para la palabra clave 'podcast', en España ya se aprecia un ligero crecimiento de la demanda de este tipo de contenidos en el último año. Lo cual significa que estamos ante un formato emergente que a buen seguro abrirá también un marco de oportunidades para las marcas.

¿Por qué crece la demanda de Podcast?

Son varias las razones por las que los usuarios están empezando a decantarse por el podcast frente a otros formatos más tradicionales. Algunas de las ventajas del podcast que explicarían esta creciente tendencia de consumo online podríamos resumirlas así:

- Su contenido es ágil, cómodo y dinámico.
- No tiene temporalidad (no precisa un tiempo de consumo).
- Optimiza el tiempo en la red (permite que el usuario pueda consumir simultáneamente otros contenidos, favoreciendo la navegación).
- Portabilidad (pueden ser descargados y escuchados en cualquier dispositivo y momento)
- El poder de la voz genera mayor confianza en el mensaje.

¿Cómo hacer SEO con podcast?

Atendiendo al interesante potencial que está destapando el podcast para la estrategia digital, algunas marcas ya están orientando sus nuevos contenidos a este canal para así adecuarse a las nuevas preferencias de su audiencia.

Un escenario que, en adelante, plantea nuevas oportunidades de posicionamiento web. Y es que, si los usuarios demandan podcast, apostar por ellos parece una gran opción para mejorar la comunicación y difusión de la marca y destacarse como especialistas en un área concreta.

No obstante, el contenido sigue siendo el gran protagonista. Y, por tanto, los pasos no cambian a la hora de conseguir un mayor alcance y autoridad de cada pieza. Los fundamentos clásicos de los contenidos SEO mantienen su peso en este nuevo terreno.

¿Cuáles son esos aspectos SEO a tener en cuenta?

- Responder a intenciones de búsqueda del usuario (atender un interés)
- Aportar valor en cada mensaje (dar respuestas de utilidad)
- Ofrecer un contenido atractivo y dinámico (seducir al usuario)

- Cuidar todas las metas y contenidos que vayan incluidos en la página (no descuidar ningún aspecto SEO)
- Optimizar el tiempo del usuario (experiencia de usuario)
- Buscar sinergias y colaboraciones (aportan autoridad y difusión)
- Invitar a la participación para favorecer la comunicación bidireccional (consolida la comunidad)

De esta manera crearemos contenido de valor para el usuario, y, a su vez, de relevancia para los buscadores, que serán quienes finalmente definan la posición del podcast en su ranking de resultados.

Sin lugar a dudas estamos ante un nuevo elemento que ya está jugando un papel destacado en la estrategia de contenidos, y al que aún le queda un crecimiento exponencial para los próximos años.

¿Qué es el porcentaje de rebote?

Al navegar en una página web no tenemos idea la cantidad de trabajo que se encuentra detrás de la pantalla del ordenador, ya que son muchas las tareas de mantenimiento, *nada complicadas pero minuciosas*. Si quieres saber más sobre que es el porcentaje de rebote o si existe un porcentaje de rebote ideal, es el momento de abrir bien los ojos y poner atención a todo lo que te voy a decir.

¿Qué es el Porcentaje de rebote de una página web?

Como explicación sencilla y orientada al posicionamiento web, de la tasa de rebote de una página web es el porcentaje de visitas a la página sin interacción en su contenido. Ya sea porque no encuentran lo que están buscando o no les gusta el formato o diseño de dicha página web.

El diccionario SEO para dummies - Santos Muñoz Tebar
2022

La tasa de rebote es un reflejo directo de las personas que abandonan el sitio inmediatamente al entrar, sin generar navegación o segundos de permanencia en el sitio web.

Esto lo vemos con mucha frecuencia. Un ejemplo en el porcentaje de rebote de una web, es cuando buscando cualquier información por la web y no encontramos lo que estamos buscando y abrimos y cerramos páginas rápidamente sin encontrar los resultados deseados.

Esta acción se queda reflejada en Google Analytics y hace que nuestro porcentaje de rebote, suba considerablemente.

Diferencias entre la tasa de rebote de un blog y una página web

Se debe tener en cuenta que la probabilidad de que un blog tenga una tasa de rebote alta es más común que una página web de una institución pública.

Dado que las visitas que se realizan a un blog casi siempre se hacen desde un buscador de Internet como Google, y por norma general, se abandona la página si no se ha saciado rápidamente la obtención de información relevante.

Sin embargo, la navegación en una página de una institución pública siempre generará mayor interacción.

¿Cuál sería el porcentaje de rebote aceptable de una página web?

Al entender que una página web funciona según el tipo de información o productos de interés que ofrezcas, se hará más fácil comprender que la tasa de rebote no es estable para ningún website, debido a que la cantidad de visitas y la interacción que la página reciba estará condicionada directamente con la facilidad para mostrar el contenido.

Además de la familiaridad que tenga el sitio web y la publicidad que se emita a los visitantes.

Para tener un porcentaje acerca de la tasa de rebote de una página web, tendremos en cuenta el siguiente análisis facilitado por Analytics.

- Entre 0% y 25% se considera una tasa de rebote de baja a normal.
- Entre 26% y 50% se considera la tasa de rebote aceptable entre visitas.
- De 51% en adelante se estipula que la tasa de rebote es alta.

Principales factores que incrementan el porcentaje de rebote

Para crear una página web, es muy importante definir hacia que público estará dirigida la información que suministres. Puesto que, la forma en que lo hagas y como lo hagas será el principal factor desencadenante en como el público reciba lo que ofrezcas en tu website.

A continuación, te indico varios factores que pueden hacer de tu web una página con tasa de rebote alta.

- Dificultad en conseguir contenido.
- Estructuración de los segmentos que constituyen la página web.
- Pop-ups, ¡verdaderamente odiamos las ventanas emergentes! Estas son indicadores en la mayoría de los casos en la tasa de rebote alta.
- Reproducción automática de vídeos y audios, esta acción es muy molesta y más cuando la velocidad del Internet es relativamente baja.
- Traducciones incompletas o mal realizadas de informaciones que pertenecen a otras fuentes.
- Imágenes que no tengan nada que ver con el contenido expuesto. La valoración del público referente a estos casos es una tasa de rebote media.

¿Cómo tener una tasa de rebote óptima?

Al hablar de un porcentaje de rebote óptimo, nos referimos al índice por debajo del 30% de las salidas inesperadas sin generar interacción. Para lograr obtener un buen índice de navegación por nuestro website, es necesario prestarle mayor atención a la información que suministramos y la forma en como lo hacemos, ya que de esto dependerá en cómo el público lo recibe (*si quieres comprobarlo, colócate en el lugar del visitante*).

Teniendo en cuenta que la tasa de rebote es inestable, se debe generar un continuo seguimiento de la página web y del contenido de ella. Así como los problemas de redirecciones 301 o la velocidad en que tarde cargar dicha página. Optimizar la velocidad web para SEO es un factor importante que ayuda al porcentaje de rebote. De esta manera estaremos manejando una tasa de rebote ideal para nuestra página web.

Recomendaciones para mejorar la tasa de rebote

Con estos sencillos consejos que te doy, podrás mejorar notablemente los datos de porcentaje de rebote en Analytics de tu página web, apúntalos y comienza a ver la diferencia.

- Suministrar títulos llamativos, esto funciona para lograr tener una tasa de rebote aceptable, puesto que genera mayor interés del público en lo que estás ofreciendo en contenido.
- Es propicio generar **enlaces** con artículos propios del blog, esto incrementa la navegación del usuario.
- Establecer una plantilla organizada para la estructura de la página web.

Qué es una Redirección 301 ¿Para qué sirve?

Lo más usual es que se elimine la página. Pero esto es una gravísima equivocación, ya que pueden existir enlaces del URL de esa página y que el visitante se dirija a una página de error 404. Aquí la redirección 301 serviría para que con ese enlace URL el visitante se dirija a una página de un producto nuevo.

Crear una redirección 301

Hay muchas maneras de realizarlo, pero lo más práctico es hacerlo con las recomendaciones de Google. Lo que debemos hacer es tener un acceso a un fichero llamado .htaccess de tu servidor, es un fichero de servidores Apache (el .htaccess es un archivo que se encuentra en la raíz del servidor y controla las configuraciones de este).

Para comenzar a configurar el archivo para redireccionar hay que familiarizarse con estos redireccionamientos:

Redirección de un dominio

Se utiliza para mover toda la estructura de los enlaces del dominio de tu
página a otra con el contenido intacto.

1. `Redirect 301 /http://newdomain.com/`
2. `RedirectMatch 301 ^ (.*) $ http://newdomain.com/`

Redirección de un directorio

Se utiliza para mover el directorio de una página a otra, manteniendo la
estructura de este.

1. `Redirect 301 /antiguo-directorio/`
   `http://dominio.com/nuevo-directorio/`

Redirección de una página

Este es el escenario más sencillo ya que simplemente rediriges el enlace
URL de una página a otra.

1. `Redirect 301 /pagina-antigua/`
   `http://dominio.com/pagina-nueva/`

Redirección IP

Casi siempre se olvida que la dirección IP de un sitio debería enviarla al URL de la página que se desea que vean los visitantes. De otra forma los visitantes pueden confundirse e indexar una réplica de tu sitio con tu servidor IP, algo que no es deseado. Cuando se reconfigura la dirección siempre cambiar la dirección IP por la de tu servidor. La mejor paina para hacerlo es SpyOnWeb.

1. *RewriteCond%{HTTP_HOST}^198\.51\.100\.24*
2. *RewriteRule (.*) http://www.example.com/$1 [R=301,L,QSA]*

Redireccionar de NO-www a WWW

En caso con esta redirección podemos evitar el problema de tener dos versiones del mismo sitio web. Uno en la versión www y otro sin www. Lo que debemos hacer es el proceso de redirección de lo que esté en una página www pasarlo sin www o viceversa. Todo esto mediante algo llamado la redirección canónica.

1. *RewriteCond%{HTTP_HOST}^example.com[NC]*
2. *RewriteRule (.*) http://www.example.com/$1 [R=301,L,QSA]*

Tipos de redirecciones

Dentro de la misma redirección 301 se dividen en dos que cumplen básicamente las mismas funciones, pero cada una posee características únicas. Estos dos tipos son:

Redirección 302

Estas redirecciones tienen la particularidad de que son temporales, es decir, que cuando el sistema de programas de Google las analiza se da cuenta de que no son permanentes, sino que poseen un tiempo limitado.

Redirección 301

Estas redirecciones, en contraparte con la anterior, son permanentes. De manera que cuando el sistema de programas robotizado de Google las analiza las interpreta como definitivas. Del enlace URL de la página 1 se irá a la página 2 automática y permanentemente.

Se habla del sistema de programas robotizado de Google porque este cada cierto tiempo para saber qué contenido están mostrando y así mostrar las mejores páginas en su motor de búsqueda.

Guía para comenzar un redireccionamiento 301

Antes de empezar a redireccionar te debes familiarizar con los conceptos ya antes mencionados y decidir qué redirección aplicar. De manera que los siguientes pasos los ayudarán a comenzar.

Paso 1

Todo el proceso debe hacerse desde un ordenador, es lo más práctico. Se puede intentar desde un teléfono móvil, pero es mucho más engorroso y complicado.

Paso 2

Se debe encontrar el archivo .htacces con estos inicios de URL: *www /httpdocs /public.*

Paso 3

Seguidamente, debemos conectarnos al servidor mediante un FTP (*es un protocolo de red para la transferencia de archivos entre sistemas interconectados o enlazados a Internet, basado en la arquitectura cliente-servidor*). El programa de FTP más recomendado es FileZilla.

Paso 4

Se debe abrir el archivo con un editor de texto como el blog de notas del ordenador o NotePad++, que es un programa que se encarga de editar textos o códigos con varios lenguajes de programación.

Paso 5

Debemos editar las redirecciones con alguna de las redirecciones explicadas anteriormente. Cada una adecuándose a la meta de cada quién con estas. De manera que debemos adecuar el enlace URL con el contenido de nuestra página, por supuesto colocando los inicios de estos ya antes mencionados.

Paso 6

Al finalizar todo el proceso debemos guardar todo lo hecho con una codificación llamada ANSI (capacidad de los aparatos eléctricos a fin de comunicarse de manera más veloz y confiable) para evitar que la redirección contenga errores.

Recomendación final: En el mundo del SEO es imprescindible saber cómo redireccionar páginas web. Con todo lo explicado anteriormente podemos empezar a trabajar de forma correcta cualquier web, incluidas las orientadas al posicionamiento web.

¿Qué es el ROI?

Tener la capacidad de medir el resultado que se obtiene por la inversión en campañas de marketing, es posible mediante el ROI. El método ROI permite planificarse con respaldo en resultados palpables de técnicas aplicadas y comprobar si la inversión es recíproca.

¿Qué es el ROI?

El ROI "Return On Investment" por sus siglas en inglés, es el valor derivado que regresa por la inversión impuesta según distintos métodos aplicados en campañas de publicidad y mercadeo, lo que permite medir las ganancias generadas correspondientemente al aporte invertido.

Gracias al resultado de este reporte, podemos determinar la rentabilidad del método publicitario aplicado y tomar decisiones en el reajuste del mismo.

¿Cómo se calcula el ROI?

Al momento de plantearnos aplicar la deducción del ROI en nuestra campaña de marketing, debemos tener en cuenta aspectos específicos que nos permitirán determinar la productividad de la inversión y su eficiencia.

Existen situaciones en las que la deducción de ROI puede llegar a ser muy compleja, por tener que considerar ciertas variables entre ganancias y aportes. Pero es necesario que entendamos bien la fórmula para poder impulsar nuestros aportes mediante las campañas de marketing

Contamos con una fórmula muy sencilla que nos arroja el resultado que deseamos en función del coste-beneficio de la campaña aplicada o a aplicar.

ROI = (Ingresos – Coste por productos vendidos) / Coste por productos vendidos X 100

Básicamente, es el resultado de la sustracción de los ingresos adquiridos o por adquirir menos el coste invertido, después este resultado lo dividimos nuevamente por el coste invertido y finalmente lo multiplicamos por 100 para tener un resultado porcentual. El producto final representará el ROI.

Si la fórmula es tan sencilla, ¿por qué suele ser complicada aplicarla? Esto se debe a que lo complicado es percibir en qué consiste el retorno recibido y cuál es realmente la inversión. Se puede considerar como retorno: ingresos totales, utilidad bruta o beneficio neto. Por otro lado, la inversión incluye: coste de impresión, creatividad, gestión, ventas y costes técnicos por servicios utilizados.

Un detalle que pareciera insignificante, pero que de seguro hay que tener en cuenta, es el factor tiempo. Las ganancias obtenidas de una inversión aplicada pueden percibirse a mediano o largo plazo, según se dé el caso. Así que al aplicar la fórmula antes de percibir estas ganancias le restaría rendimiento al aporte invertido.

Ejemplo de la fórmula ROI aplicada

Dado las circunstancias, una empresa implementa una inversión en un curso de capacitación a sus 5 empleados cuyo valor es de 1.300 euros por cada uno. Tenemos entonces un total invertido de 6.500 euros.

La inversión realizada por la empresa capacita al personal para que su desempeño se incremente. Del resultado de esta capacitación se logra una notoria elevación de las ganancias por producto vendido anual de 10.000 euros.

Teniendo estos datos a la mano, solo queda aplicar la fórmula:

$$ROI = (10.000 - 6.500) / 6.500 \times 100$$

$= 53{,}85$ por aproximación

Como resultado final, que el ROI por año es de 50%

Apliquemos este método sencillo, pero eficiente para controlar las inversiones propuestas y tomar decisiones acertadas en sí valdrá la pena o no, implementar como estrategias campañas de marketing.

¿Qué es el SEM?

En el mundo online en el que imperan miles de páginas web, se hace necesario hacer uso de las herramientas de posicionamiento o visibilidad en el mayor buscador de la red "Google" así como otros buscadores del mundo de Internet. ¿Qué puede ayudarte?... Hacer uso del SEM.

¿Qué es el SEM? Explicación del PPC y del marketing de búsqueda de pago

"SEM" Search Engine Marketing, por sus siglas en inglés es la Mercadotecnia en los distintos buscadores de la web. En otras palabras, es una estrategia eficaz de marketing.

Existe confusión respecto a lo que significa debido a que suele utilizarse de forma incorrecta. Se suele confundir con SEO, no obstante, no es lo mismo, aunque guarda cierta relación.

El diccionario SEO para dummies - Santos Muñoz Tebar
2022

Con el SEM se logra dar mayor visibilidad en los resultados de los distintos buscadores mediante la utilización de anuncios de pago. Con este objetivo en mira, existen plataformas enfocadas en este campo, como por ejemplo Bing Ads y Google Ads o Facebook Ads.

Se suele utilizar para comprar tráfico, a través de anuncios en el que hay que hacer una inversión monetaria. Sin embargo, el SEO, aunque persigue un fin similar, logra posicionar las páginas gratuitamente.

Ventajas del SEM

- Al aplicar las técnicas de SEM lograrás promocionar tu página web en los buscadores más populares de la red, obteniendo un buen posicionamiento.
- Las palabras claves permiten que los anuncios monetizados sean dirigidos a un público amplio con potencial de compra.
- Logras una pronta retribución de lo invertido, casi de forma inmediata, si se hace una buena campaña.
- Es flexible. Puedes realizar el cambio que desees sin inconveniente, como, por ejemplo, detener una palabra clave y añadir otra que te ofrezca mejores resultados.
- Puedes vigilar el tráfico de palabras claves, lo que facilita la toma de decisiones en la página web que promocionas.
- Puedes utilizar un amplio número de palabras claves.

Desventajas del SEM

- Si te estás iniciando en el mundo del marketing,la monetización por palabras puede ser elevada.
- En la mayoría de sectores, el intento de puja por algunas palabras clave puede llegar a tener unos costes muy elevados.
- El usuario no te está buscando.
- Para garantizar el éxito es necesario conservar una amplia optimización de tu página web.
- Debes enfocar los textos de tu página web, al campo comercial. Esto molesta algunos lectores y posibles clientes.
- Puedes requerir de ayuda de expertos para garantizar el éxito en tu inversión (esto aumenta el coste de la estrategia SEM)

Aunque sin duda el SEM logra que alcances resultados en poco tiempo, es necesario que hagas un estudio minucioso de las ventajas y desventajas que te proporciona esta estrategia, y por supuesto pienses si tu página web le conviene aplicarlo.

Puedes combinar el uso de SEM con el SEO, al hacer un uso a la par podrás conseguir mejores resultados.

¿Qué es el SEO Local?

El SEO Local es nada más y nada menos que un conjunto de pasos a seguir para así poder mejorar nuestra visibilidad en cierta zona geográfica, gracias a la búsqueda relevante de información de equis, tema o palabra que queramos posicionar... Sencillo, ¿Verdad? Es básicamente hacer que nuestro contenido se enfoque en cierta ciudad, comunidad, pueblo, etc... donde queramos llegar a captar visitas desde Google.

Es la mejor opción si tu sitio web va basado en un negocio físico, obviamente debes hacer una segmentación para así poder llegar a tu público final, de la zona geográfica a atacar.

Realizar SEO Local, empecemos por lo principal

El SEO local es una estrategia más sencilla que hacer SEO a nivel global, básicamente debe estar claro que es lo que ofreces específicamente y saber a dónde y a quien quieres llegar, de manera de que puedas hacer una segmentación totalmente eficaz y que valga.

La estrategia tiene que basarse en lo siguiente:

- ¿Qué es lo que haces? – ¿Cuál es el servicio a ofrecer?
- Zona Geográfica a atacar
- Identificación de palabras clave o keywords que definan tu actividad
- Palabras clave que contengan nuestro parámetro de geolocalización
- Detectar y posteriormente analizar nuestra competencia, sea o no local
- Completar nuestro perfil en Google My Bussiness
- RECURSOS DISPONIBLES (Presupuesto, personal humano, herramientas, horario)

Para qué sirve SEO Local

Las empresas utilizan seo local para alcanzar distintas metas en el mercado, dentro de las cuales podríamos destacar ámbitos complejos como lo es la competencia empresarial local y global.

Es importante aclarar que la mayoría de las personas actualmente son capaces de acceder a algún dispositivo móvil con internet y es por ello que, esta se trasforma en una de las mejores opciones para las empresas locales, ya que muchas personas alrededor de todo el mundo pueden ver sus publicaciones con tan solo un clic sin necesidad de tener que acudir a alguna sede autorizada por la empresa principal.

Y es que la importancia del medio del internet sobre los mercados no solo ha influido en el aumento de la competencia de la venta de los productos, sino que anteriormente las personas no podían tener acceso a información detallada sobre el funcionamiento de cada uno de los aparatos.

El SEO Local nos permite de igual forma poder demostrarles a los usuarios el gran contenido de utilidad y alta calidad que poseen nuestros productos, permitiéndonos alcanzar un mayor flujo de movimiento web en nuestras páginas.

Básicamente, el SEO Local nos permite poder darle una gran seguridad al usuario con respecto al valor y calidad que tienen nuestros productos propuestos, por lo cual, es bastante beneficioso, ya que si logramos convencer a las personas de que es un producto de calidad, no dudaran en ningún momento en comprar nuestro producto.

Beneficios de utilizar SEO Local

El pilar de fuerza del SEO Local para las empresas y la verdadera razón por la cual es una de las técnicas más utilizadas, radica en que esta les permite a las personas dar conocimiento sobre las publicidades locales que se encuentran en la localidad donde vive, ofreciendo comodidad para realizar la compra.

No es para nadie un secreto que las estafas son uno de los factores de peligro que más aumentan hoy en día, y el SEO Local te ayuda a acercarte a las personas con seguridad. Demostrando un alto nivel de profesionalidad y experiencia a la hora de comprar un producto.

Además, debemos destacar que con SEO Local seremos visibles en Google Maps una de las mayores ventajas que podremos obtener cuando utilizamos esta herramienta, este beneficio se inclina a que como los usuarios que utilizan esta app cada día están incrementando, es importante que ellos sepan con exactitud qué locales comerciales tienen a su alrededor aportando simultáneamente factores de calidad del lugar.

De igual forma nos permite mostrar una excelente imagen de profesionalidad a los clientes. La mejor manera de lograr este objetivo es estando en los primeros resultados de las búsquedas informativas.

El diccionario SEO para dummies - Santos Muñoz Tebar
2022

Aclarando de esta forma que la mejor manera para poder mantenernos en rango de competencias es demostrando nuestro profesionalismo ante la web, es importante saber que los mercados están saturados y que para competir en ellos debemos de denotar la experiencia hacia las personas dándoles conformidad con nuestro servicio.

Maneras de mejorar tu posicionamiento en Seo Local

Al igual que todas las herramientas, nos podemos beneficiar mucho más si aprendemos pequeños trucos que nos ayuden a atraer los clientes.

Si poseemos un negocio (que tenga local físico) y estás buscando la manera de conseguir clientes de manera exponencial, los cuales estén cerca de la localidad donde vives (para mejorar los resultados), entonces necesitas urgentemente mejorar tu posicionamiento en Seo Local.

Aquí te enseñaremos las 8 estrategias que deberás de aplicar al pie de la letra para que mejores radicalmente tu posicionamiento SEO Local.

Adquiere enlaces en medios Locales

Vale, imagina que eres una **agencia SEO de Madrid**. Si los medios de comunicación de o webs de Madrid, y de la comunidad de Madrid te mencionan en sus webs, la autoridad de esos **enlaces** será mayor que si lo hace un medio de Barcelona.

Tiene limitaciones porque aparecer en medios puede resultar o difícil o llegar a un máximo de enlaces, pero desde mi punto de vista, es algo esencial.

Siempre usar el mismo NAP

Antes de nada, debemos saber cuál es el significado de NAP. El NAP es el sistema o simbología utilizado en los negocios ingleses para mejorar las ventas.

El NAP no es más que la abreviatura de las 3 palabras claves que ayudaran a aumentar nuestras ventas si las mantenemos. NAP tiene como significado:

- Name (nombre)

- Address (dirección)
- Number (número telefónico)

Se ha comprobado que si los datos NAP para poder ubicar a la empresa aparece en distintos lugares en el sitio web, aumentan las posibilidades de que los clientes se puedan contactar con nosotros, por lo cual podemos mejorar nuestro **posicionamiento SEO**.

Otra de las cosas que es importante es mantener el NAP, no podemos estar cambiando de nombre, dirección o número telefónico, ya que esto no da seguridad ni confianza a los usuarios para poder concretar un negocio, por lo que debemos preocuparnos es continuar con los mismos datos desde un comienzo para mejorar el rendimiento de ventas de nuestro negocio.

Incluye el nombre de tu ciudad o provincia

Es importante dar indicios de nuestro lugar de establecimiento para poder lograr una mayor atracción de clientes

Te mencionaré los lugares de la página web en donde estratégicamente te pueden ayudar a mejorar los resultados:

1. El primer lugar (y el cual no debe de faltar) es en la meta etiqueta título, el cual podríamos decir que es el más importante de todos. En él podemos agregar fácilmente la información necesaria sobre la

ciudad en la que nos encontramos, esto nos ayudará a aparecer en los rankings locales.

2. Además, en la meta etiqueta descripción podemos incluir un poco de información extra para poder dar seguridad e inca pie sobre la ubicación de nuestro negocio. Otro de los lugares es el encabezado H1, muy importante, ya que podemos incluir información con respecto a nuestra provincia.

3. La URL también puede ser una buena opción si queremos que las visitas aumenten. Adicionalmente, podemos agregar nuestra localidad en el contenido que colocamos en nuestra página y en las etiquetas de las fotos.

Optimizar tu página en Google My Business

Esta es una de las herramientas que más están en tendencia hoy en día. Es una de las mejores opciones que nos ayudará a mejorar el SEO Local. Se trata de una plataforma perteneciente a Google e integra lo que es Google Places y la página de la empresa Google Plus (Que ya sabemos que tiene pocos meses de vida).

Para poder tener acceso a esta herramienta es muy sencillo. Simplemente, debemos de crear una cuenta en Google my Business (solo necesitamos un poco de información de nuestro negocio y dos imágenes, una que será la portada y otra nuestro perfil para lograr el registro en la plataforma).

Es una herramienta esencial, ya que, nos permite ingresar y modificar la información con respecto a nuestro negocio. Además, nos permite conocer todas las reseñas sobre nuestra empresa que se encuentre a la red de Google, permitiéndonos acercarnos más a nuestros clientes y demostrar la calidad de nuestros servicios. A veces se consigue lo contrario, depende de ti, de tus servicios y de tus productos.

Consigue reseñas y comentarios

Si queremos que nuestros clientes se interesen más en nuestros servicios, debemos de lograr que estos den una buena reseña o comentario sobre cómo fue la calidad de nuestro servicio, ya que, esto nos ayudara a mejorar mucho la posición en SEO Local.

Estas plataformas actuales trabajan con lo que es una valoración de 1 a 5 estrellas. Si logramos mantener un perfil de 4 y 5 estrellas por reseña será una de las mejores cosas que podemos lograr, básicamente esto le demuestra a los usuarios primerizos que la empresa trabaja con un alto nivel de profesionalidad.

La lista de las chinchetas es un menú desplegable que muestra Google a los usuarios de tu negocio. Este permitirá ver los comentarios más claves que denotaran tu desempeño y, básicamente, esa será la impresión que tengan los clientes de tu negocio. Ya sabes, es un punto importante y debe estar impecable.

Incluye un mapa de Google embebido

Darles la oportunidad a las personas de que puedan visualizar con exactitud dónde queda el negocio físicamente ayudará a Google a geolocalizarte.

Además, si logramos anexar un cuadro de chincheta podremos beneficiarnos en un doble factor, ya que sería como un 2×1, ya que las personas podrán apreciar directamente la buena calificación que posee la empresa y al mismo tiempo ver la dirección.

Entonces lo que debemos de hacer no es solo agregar el mapa de Google Maps, sino agregar un mapa con chincheta para mejorar la garantía de los resultados que queremos obtener. Tenemos que agregar entonces adicionalmente la página de Google+ de nuestra empresa.

Da de alta tu negocio en directorio locales

Debes de saber que Google tiene acceso a distintas plataformas informativas y así encuentra información sobre las webs.

No debemos de mentir o cometer errores al colocar nuestro NAP para qué podemos obtener mejores resultados, por ello es que es muy importante conservar el mismo NAP, ya que si cambiamos este puede llegar a confundirse con un fraude y nos restará puntos positivos a favor.

Incluir valoración de reseñas en la búsqueda de google (Rich Snippets)

Debemos saber que no existe un solo tipo de valoración, por lo que es importante conocerlas. El fragmento enriquecido o Rich Snippets es un tipo de valoración que aparece en las búsquedas locales sin necesidad de aparecer en la chincheta.

Para que este tenga la autorización de aparecer en la chincheta nosotros debemos de darle la autorización por medio de Google Webmaster Tools, es una cosa bastante sencilla que te ayudará a mejorar las visitas de las personas en tu web.

Datos Estructurados

El marcado de datos estructurados se puede agregar al código de tu sitio web para proporcionar a los motores de búsqueda tales como Google más información sobre tu negocio, como los productos que vende, comentarios que ha recopilado la web, servicios que ofrece y así sucesivamente.

Sólo el 31.3% por ciento de los sitios web están usando este tipo de acciones para su web y si hablas con una buena agencia SEO te confirmará que algunas solo lo hacen a nivel básico. Si quieres, puedes hacer que tu negocio local destaque más que el de tus competidores si agregas a tu web datos estructurados de manera apropiada o correcta.

Google quiere que utilices el marcado de datos estructurados porque ayuda a sus arañas a determinar mejor de qué se trata el contenido de tu sitio. Google incluso ofrece una herramienta de pruebas de datos estructurados para que puedas comprobar si tu registro está correctamente implementado.

Que ganamos con hacer que mejore nuestro posicionamiento en SEO Local

Mejorar nuestra posición con SEO local, como te expliqué anteriormente. es una de las cosas más importantes para poder obtener los mejores resultados para comercios locales, restaurantes, etc...

Los dos claves que debes recordar:

- Si mejoras tu posicionamiento en SEO Local tienes la oportunidad de aparecer en partida doble, esto nos permite aparecer tanto en el mapa de chinchetas como en el resultado orgánico, lo cual nos permitirá un mejor CTR y beneficios.
- Además, podemos subir de posicionamiento en los móviles. Recordemos que los diseños web para los teléfonos smartphone.

¿Qué es el SEO negativo?

Disponer de una página web con buena posición en los buscadores es la meta de todo emprendedor y, para ellos, se recurre a varias técnicas de marketing como, por ejemplo, el SEO.

Con respecto al mundo online, la aplicación del SEO optimizado es vital. Pero, el SEO, tiene un lado negativo, que puede ser perjudicial para tu portal. ¿Qué es el SEO negativo? Como apunte y, antes de seguir, no se debe confundir el seo negativo con el Black Hat.

¿Qué es el SEO negativo? ¿Existe?

El SEO negativo es el conjunto de técnicas ilegales que se aplican a la competencia de webs con el fin de destruir su posición en los resultados de SERPS.

Los distintos buscadores la detectan y te sancionan como si las hubieras aplicado, ocasionándote una serie de inconvenientes en tu portal, como por ejemplo una caída de tráfico de visitas, y otros problemas.

Este SEO negativo es el arma que utilizan los desarrolladores de webs al ver frustrados sus objetivos de ganar limpiamente una buena posición en los buscadores.

Para ello se valen de links tóxicos que atacan sin control a la página web que se desea perjudicar, de esta forma el buscador mediante su estricto algoritmo lo verá como una violación a las normas y, por lo tanto, aplicará una penalización, cambiando la posición de la página web o incluso eliminándola de los resultados SERPS.

Además de los enlaces tóxicos, se pueden valer del ataque DDoS, el cual es generar una multitud de tráfico para que el servidor se sobrecargue, el Hackeo de la página web, también es uno de los SEO negativos que se aplican, lo hacen utilizando una serie de aplicaciones para determinar que webs son vulnerables.

¿Cómo puedes evitar estos hackeos?

Existen diferentes formas de poder evitar hackeos a tu página web pero, a veces, ni teniendo todo controlado, se pueden evitar.

- Si tu página web está creada con WordPress, debes tener actualizada la versión del mismo a la última versión
- Si tu página web está creada con WordPress, ten actualizados los plug-ins para una mejor optimización
- Usa contraseñas que sean siempre seguras
- Las copias de seguridad a mano, por si surgen incidencias, volver a una versión correcta tras un ataque malicioso
- Tener un buen Firewall siempre es bienvenido

La competencia es férrea, por lo tanto, hay que estar al día con las técnicas que implementan la competencia, hay muchísimas, algunas son muy difíciles de detectar.

No obstante, en la mayoría del SEO negativo, hay una serie de medidas que puedes tomar para proteger tu página web.

¿Qué Son Las SERP y Cómo Funcionan?

Cuando se está inmerso en el mundo online mediante la creación de páginas y blogs, el objetivo básico y constante es mejorar el posicionamiento SEO. Para lograr ese objetivo debemos prestar mucha atención al SERPS, ahora bien, ¿Qué son las SERP y cuál es su relevancia en Google?

La correcta definición de SERP

Las SERP es la página de resultados de los buscadores, bien sea en Google, Bing, Yahoo, Yandex, entre otros. Se trata de una lista de resultados que aparecen en la primera página de resultados, por lo general los primeros 10.

Ahora bien, el SERPS también abarca el cambio de posición de nuestra página en el buscador, el cual se logra escalando la posición, aunque no estemos entre los tops 10.

Para lograr aparecer en la página de búsqueda (SERPS) es preciso cumplir con ciertos parámetros de altísima calidad que implican optimizar nuestra web arduamente.

Anteriormente, bastaba con los textos, sin embargo, se puede lograr alcanzar posicionamiento mediante imágenes, resultados de vídeos (YouTube), productos, Google+, mapas y noticias.

Todos estos resultados aparecen en la primera página de resultado, de modo que si deseamos obtener una buena posición podemos explorar entre todas estas opciones que están a nuestro alcance.

Tipos de SERP

- SEO (SERPS orgánicas): Son los resultados que aparecen sin realizar ningún pago, y son la consecuencia de aplicar buenas técnicas de SEO.
- SEM (SERPS de pago): Son los resultados producto de las pujas de Adwords, por consiguiente, no son gratuitas. El éxito de este posicionamiento es más rápido que en las SERPS de orgánico y dependerá de la cantidad de dinero que se pague y del cumplimiento de algunos factores dentro del SEM.

Algunos expertos SEO sostienen que para lograr un buen posicionamiento se puede recurrir tanto a las técnicas del SEO como a las del SEM, de esta forma se garantiza el éxito.

¿Qué es el Storytelling?

Existe una infinidad de técnicas en la mercadotecnia para atraer al público en general al consumo de nuestros productos y servicios. Por ejemplo, las ofertas de costos bajos, combos 2×1 o la promesa de productos de alta calidad.

Sin embargo, storytelling es una técnica especial que puede conectar en lo más hondo del consumidor atrapándolo por completo y asegurando un consumo constante por tiempo indeterminado.

Cada empresa tiene una historia, cada persona tiene un sueño. Todos tenemos una historia que nos hace únicos.

Historias jamás contadas pueden marcar la diferencia de nuestro producto o servicio sobre la decisión del consumidor. Hacer storytelling es la diferencia entre un simple producto o servicio que no hace storytelling y un producto o servicio inspirador que si lo hace.

Aplicar una buena estrategia de marketing narrando una novedosa historia será la clave del éxito para nuestro negocio, como no explican en el MBA de Dirección Comercial.

El diccionario SEO para dummies - Santos Muñoz Tebar
2022

¿Qué es el Storytelling y para qué sirve?

Storytelling es tener la virtud de crear una conexión especial entre el producto o servicio y el consumidor, donde se envuelve un sentido de compromiso; incluyendo los sentimientos y emociones, a través de una historia inspiradora.

Mediante un mensaje corto, escrito o audiovisual, se logra un enlace especial con el consumidor, donde no solo recibe información del producto, si no que va más allá; integrándolo con la misión y visión de la empresa que lo publicita.

Ahora bien, esta "virtud o arte" de contar una buena historia es una estrategia que requiere estudio concienzudo al público consumidor en potencia. No todos saben explotar esta estrategia de venta, por lo cual es necesario una buena preparación para lograr el objetivo.

De allí parten los estudios de mercado, esta vez direccionado; no a lo que se desea obtener, sino a lo que se desea sentir.

En líneas generales, el storytelling sirve para incentivar, por medio de la empatía y apelando a las emociones del público consumidor, el deseo de obtener y mantener el consumo de cierto servicio o producto, dejando grabado en su mente el valor que representa.

Es interesante acotar que el storytelling no se usa con el único fin de vender, también es una eficaz herramienta para solidificar la confianza que ya existe entre una marca y el público consumidor.

De donde viene el storytelling

Desde las pinturas en las cavernas, pasando a los jeroglíficos del antiguo Egipto, hasta llegar a los libros en papel y finalmente a la era digital, el ser humano se ha dedicado inconscientemente o conscientemente a narrar historias; y ahora, en pleno siglo XXI, la historia ha conquistado al mundo del marketing, surgiendo un nuevo concepto de marketing, el storytelling.

Cuál es el objetivo del storytelling

Si pudiésemos definir en una línea el objetivo principal del storytelling, la definiríamos como:

Toda empresa que quiera hacer storytelling en sus campañas de marketing debe tener bien definidos los objetivos, sin olvidar la idea principal: Emocionar a la audiencia.

Pero emocionar a nuestra audiencia no es el único objetivo del storytelling, se ha de tener en cuenta otros factores:

1. Valores de nuestra marca
2. Qué nos hace diferentes de la competencia
3. A qué público queremos dirigirnos
4. Qué mensaje queremos transmitir
5. Una historia que contar

Con estos objetivos conseguiremos conquistar al público que nos queremos dirigir.

Clasificación de los Storytelling

Con el claro objetivo de plasmar en la mente del público por un tiempo prolongado, el deseo de participar en el gremio de los que consumen cierta marca, se utiliza diferentes tipos de storytelling. Según su clasificación son:

Superación ante las dificultades:

Todos pasamos por momentos y situaciones difíciles, donde nos sentimos sin salida. En estas circunstancias alguien vendrá a contarnos su historia, que por mucho es más compleja que la de nosotros y aun así ha logrado salir vencedor.

Traslado personal

Se busca crear empatía por medio de las experiencias propias vividas, a lo largo de un trayecto de superación personal, motivándonos por el gran esfuerzo invertido. En este tipo de storytelling por lo general, se presenta la historia de la marca comercial.

Ficción

Se basan en circunstancias que parecen imposibles e inalcanzables, pero gracias al poder de la inventiva y la correcta motivación, nos inyecta un poder que desconocíamos en nuestro propio ser, logrando cumplir nuestras metas y sueños. Estas historias suelen ser las más populares, y ¡quien no desea cumplir sus sueños!

Argumentos Universales

Se expresan temas profundos que conllevan aspectos universales que todos experimentamos en algún momento de la vida, entre ellos; la vida y la muerte, el amor y el engaño, la amistad y la maldad, etc.

La marca que destaca

Su mensaje gira en torno a la manera en como pertenecer al grupo selecto que participa de cierta marca, logra destacar en el mundo por encima de otras. Obviamente, este ensalzamiento produce placer y sentido de logro que todos deseamos y buscamos.

De Historia

No hay nada que enganche mejor que la garantía de un buen servicio o producto, que cuente con transcendencia y reputación comprobada a través de los años. El mensaje es claro y directo, la satisfacción está garantizada al pertenecer a este gremio ganador.

Esta estrategia es eficaz solo cuando es utilizada por empresas de trayectoria y renombre.

Ventajas del Storytelling

Es innegable que la implementación de los storytelling como estrategia de venta y afianzamiento de clientes, es muy positiva. Mencionaremos ciertas ventajas palpables de su utilidad:

- Se rememoran con facilidad: Por su desarrollo sencillo y emotivo, el mensaje se graba tan hondo en la mente del espectador, que recordarlo es automático. Si la historia es épica, de seguro se hará viral, duplicando los resultados de la estrategia.
- Logran un vínculo más fuerte: El público se siente atraído por un sentido de pertenencia, es decir, que además de adquirir el producto o servicio, desea ser parte de la empresa.
- Se crea un sentido de confianza: La historia contada a través de micros, permite transmitir aspectos que no han sido revelados hasta ese momento, y que; desde un enfoque más natural, genera un sentido de confianza basado en la garantía de lo que su mensaje representa.

Cómo aplicar el storytelling

Antes de llevar a cabo el proyecto debemos hacer un análisis DAFO (Debilidades, Amenazas, Fortalezas y Oportunidades). Tenemos que ser honestos con nosotros mismos, valorando nuestros puntos fuertes y nuestros puntos débiles.

1. Debilidades: ¿Qué puedo mejorar? ¿Qué desventajas tengo respecto a la competencia?
2. Amenazas: ¿Qué hace la competencia? ¿Cuáles pueden ser las causas de que se reduzca el mercado?
3. Fortalezas: ¿En qué soy bueno? ¿Qué me diferencia de la competencia?
4. Oportunidades: ¿Cómo podemos hacer para que el mercado crezca? ¿Hay alguna forma de reducir costes?

Sin lugar a dudas, el storytelling es una estrategia publicitaria que toda empresa debería incursionar, para conectar en lo más profundo de los sentimientos del público consumidor.

Eso sí, no olvidemos realizar nuestro estudio de mercado enfocado a los gustos y sensaciones más deseadas desde el punto de vista del consumidor y tratemos de plasmar bien esas emociones en el storytelling a crear, pues no deseamos producir a final de cuentas, una historia de terror.

El diccionario SEO para dummies - Santos Muñoz Tebar
2022

¿Qué es el White Hat SEO?

En las campañas de Marketing Digital son muchas las estrategias implementadas para lograr un buen posicionamiento y la más utilizada para lograr los objetivos planteados son el SEO. Enmarcados en este concepto, las técnicas aplicadas que cuenten con la legalidad en la red son llamadas White Hat SEO.

Definición de White Hat SEO

El White Hat SEO se define como toda estrategia a implementar para lograr un posicionamiento en los resultados de la búsqueda, acatando todas las normativas establecidas por los buscadores. Puede decirse que es el concepto inverso de Black Hat SEO, pues el término "White Hat" representa el caballero digno, cortes y de ética que porta su sombrero blanco.

Quien desea posicionarse mediante la técnica del White Hat SEO, simplemente debe usar las reglas del motor de búsqueda, por ejemplo, Yahoo, Google, Bing, donde comúnmente todos coinciden.

Reglas del White Hat SEO

Originalidad

El logro de una excelente posición en Internet dependerá de la originalidad del contenido publicado. Plasmar una idea única y atrayente para el público es garantía de ostentar un Website digna, con un buen tráfico de visitas.

Keyword adecuados

La palabra clave debe fluir naturalmente en el contenido para que las frases u oraciones que la contengan, no pierdan la lógica argumental. Si al realizar la lectura del contenido, la palabra clave desentona, es momento de retirarla. Se debe evitar la práctica de incluir en modo oculto la Keyword a posicionar.

Adaptación al usuario

Se espera que el portal esté adaptado a la comodidad del usuario visitante. Esta adaptación también debe incluir los distintos dispositivos que serán usados para el ingreso.